교사십계명

교사 십계명

지은이 하정완
꾸민이 성상건
편집디자인 디자인시

펴낸날 2007년 12월 15일
35쇄 기념판 펴낸날 2024년 12월 24일
펴낸곳 도서출판 나눔사
주소 (우) 10270 경기도 고양시 덕양구 푸른마을로 15
 301동 1505호
전화 02)359-3429 **팩스** 02)355-3429
등록번호 2-489호(1988년 2월 16일)
이메일 nanumsa@hanmail.net

ⓒ 하정완, 2007

ISBN 978-89-7027-057-9 03230

값 6,000원

교사십계명

하정완 목사 지음

| 35쇄 기념판 추천사 |

주일학교 교사를 오래 하던 한 사람이 자신의 사역에 대해 회의를 느끼고 그만 두었습니다. 그런데 그에게 배운 한 청년이 전쟁터에 나가서 그만 큰 상처를 입고 죽어가던 중 마지막 남긴 한 마디 "목사님 저를 지도해주신 고향 교회의 선생님을 찾아 이 말을 전해주세요. 선생님 덕에 예수님을 알게 되어 영생을 얻게 되었다고요." 교사는 이 말을 전해 듣고 크게 뉘우쳤다고 합니다. 교사는 한 생명을 구하는 가장 고귀한 직분입니다. 여러분에게 이 〈교사십계명〉이 가장 소중한 교사 지침서가 될 것을 확신하며 이 책을 추천합니다.

김도일 교수(장로회신학대학교)

하정완 목사님의 〈교사 십계명〉에서 예수님의 교육 방법을 그대로 만날 수 있었습니다. 예수님은 교육 대상에 따라 쉽고 명료하게 이야기로 풀어 주시어 변화를 이끌어낸 교사였습니다. 하정완 목사님도 가장 핵심적인 가르침의 원리를 감동적인 스토리로 가슴에 새겨 주십니다.

35쇄를 찍을만큼 현장의 교사들에게 꼭 필요한 책입니다. 적극 추천합니다.

조은하 교수(목원대학교)

다음 세대 사역이 붕괴되고 있는 한국 교회의 현실에 주일학교의 교사는 마지막 보루라고 할 수 있습니다. 다음 세대 회복과 부흥을 위해 헌신할 교사는 어떤 모습이어야 할까요? 평생을 청년을 비롯한 다음 세대 사역에 헌신한 하정완목사님의 역작 "교사 십계명"은 진정한 주일학교 교사라면 반드시 갖추어야 할 덕목을 일목요연하게 잘 정리한 주일학교 교사의 교과서와 같은 책입니다. 진짜 주일학교 교사이기를 바라는 모든 분들에게 강력히 추천합니다.

전경호 목사(다음세대코칭센터 대표)

앞서 간 선배의 걸음은 후배들에게는 길이 됩니다. 하목사님은 저에게 큰 산과 같은 선배입니다. 학연도 지연도 아닌 주의 부르심이라는 영광스런 자리에서 그러합니다. 혹여 다음 세대 사역의 현장에서 막연함과 답답함을 느끼시는 분이라면 자신있게 일독을 권합니다.

강은도 목사(더푸른교회)

저에게 주어진 사명이 다음 세대에게 복음을 전하는 사명이되어 복음의 징검다리로 30년동안 변함없이 걸어갈 수 있는 시작이 저의 청소년과 청년 시절에 그 누구보다 한국교회에서 다음 세대 사역의 현장을 만들어주시고 지켜주셨던 믿음의 선배님들의 수고와 헌신이 있었음에 항상 감사할뿐입니다. 그동안 오래도록 다음 세대 사역의 중심에서 바른 복음을 전해주셨던 하정완 목사님이 쓰신 교사십계명이 35쇄 기념판으로 새롭게 나오는 소식에 이렇게 함께 먼저 글을 보고 작게라도 추천의 글을 쓸 수 있음에 감사하며 이번 교사십계명 기념판이 다시 한번 한국 교회 다음 세대 사역의 현장을 지켜가시는 많은 분들에게 귀한 안내서가 되어 다음 세대 한 영혼을 바른 복음으로 세

워갈 수 있기를 소망하며 감사의 마음으로 추천의 글을 나누어 봅니다.

임우현 목사(번개탄 TV, 징검다리선교회)

| 초판 1쇄 추천사 |

이 책은 우리 선생님들이 그냥 지나쳤던 내용들을 하정완 목사님의 깊은 통찰력과 경험을 통해 쉽게 정리한 귀한 책입니다. 어떻게 해야 좋은 교사, 영향력있는 교사, 부흥을 이끄는 교사가 되어야할지 궁금하세요? 여기 하정완 목사님이 이번에 쓰신 교사 10계명에 그 답이 있습니다. 이 책은 어려운 교육이론이 있는 것도 아닙니다. 그런데도 그냥 읽다 보면 '어떤 교사가 되어야 할지', '어떻게 우리 아이들을 이해하며 섬기는 교사가 되어야할지', '우리 아이들에게 지금 필요한 것이 무엇인지' 깨닫게 됩니다. 그 어떤 교육학 이론 서적보다도 강력한 메시지가 담겨있습니다. 먹여라! 친구가 되어라! 이해하라! 살려라! 사랑하라! 기도하라! 입양하라! 자유케하라! 포기하지 말라! 축복하라! 이 짧은 10개의 키워드

에 한국 교회학교의 내일을 보았습니다. 우리 아이들을 사랑하는 교회학교 선생님들에게 적극 추천합니다. 교회학교의 부흥은 교사로부터 시작됩니다! 교사로서 어떻게 우리 아이들을 인도해야 할지 몰라 고민하며 포기할까! 생각하는 선생님들에게 귀한 나침반이 될 것입니다. 무너져가는 한국 교회학교에 부흥을 일으킬 귀한 씨앗일 될 것입니다.

김요한 목사(오병이어선교회 대표)

하정완 목사님을 만나면 언제나 기분이 좋다. 항상 웃는 얼굴과 따뜻한 배려와 함께 확신있는 믿음이 좋다. 참 오랫동안 만나왔지만 언제나 반갑다. 이 번에 새로운 책 "하정완 목사의 교사 십계명"이 출간되는 것은 참으로 반가운 일이다. 나는 늘 이렇게 말한다. "하나님이 정말로 완전히 사랑하는 목사님" 체험 속에서 교사들에게 그리고 그리스도인들에게 전하는 글이니 매우 반갑다. 많이 읽혀지고 사랑받는 책이 되어 하나님의 영광을 드러내었으면 참 좋겠다.

용혜원 목사(시인, 유머 자신감 연구원원장)

하정완목사님은 청소년들과 청년들을 향한 놀라운 하나님의 열정으로 자신의 온 삶과 힘을 다해 말씀을 전하시는 이 시대의 탁월한 지도자입니다. 이 책을 통해 하나님께서 원하시는 청소년들을 일으키기 위한 교사로서 갖추어야 할 놀라운 원칙들을 발견할 수 있을 것입니다. 교사라면 반드시 읽고 숙지해야 할 교사바이블과 같은 책입니다.

천태혁 선교사[코스타국제본부 유스총무]

하정완 목사님은 제가 사랑하고 존경하는 목사님 이십니다. 언제 보아도 신실하시고 꿈이 있고 또 만나고 싶은 하나님의 사람이십니다. 이번 목사님께서 쓰신 교사십계명은 부흥을 갈망하는 한국 교회 교사들이 꼭 읽어야 할 필독 도서입니다. 이 책을 통하여 한국교회 주일학교의 현주소를 이해하게 될 것이며 교회학교 현장에서 일어났던 생생한 현장 이야기를 통해 교사로써의 사명을 어떻게 감당할 것인가에 대한 방향을 감지하게 될 것입니다. 이 책이 많이 보급되어 읽는 교사들마다 도전받아 침체된 한국교회 주일학교 현장마다 부흥의 불길이 일어나기를 기대합니다.

하재호 목사(주바라기 청소년선교회 대표)

교회에서 가장 힘든 사역중에 하나는 교사입니다. 한 영혼 한 영혼을 돌보는 사역은 항상 우리에게 벅찹니다. 그러나 현장에서 아이들을 사랑하며 사역하시는 교사들이 있기 때문에 아직도 한국교회는 소망이 있습니다. 하정완목사님은 현장에서 아이들과 함께하는 사역자입니다. 교사들을 향한 실제적인 사역방향과 노하우를 나눈 책이 나오게 되어 참 기쁘게 생각합니다. 이 책을 읽으시고 현장 사역자들이 힘을 얻기를 기도합니다. 아이들의 영적 회복이 이 나라의 회복임을 다시한번 생각하며 다음세대를 향한 여러분 사역에 귀한 열매를 맺으시길 기도합니다.

홍민기 목사(브리지임팩트사역원 대표)

차례

35쇄 기념판 서문 __ 나는 당신이 만든 노래입니다	15
초판 1쇄 서문 __ 진짜 선생님을 만나고 싶다	24

교사십계명 01 __ **먹여라!**
우리를 먹이신 예수님처럼 먹여라! — 33

교사십계명 02 __ **친구가 되어라!**
우리의 친구되신 예수님처럼 친구가 되어라 — 45

교사십계명 03 __ **이해하라!**
인간으로 오신 예수님처럼 이해하라 — 55

교사십계명 04 __ **살려라!**
찾을 때까지 찾으시는 주님처럼 아이들을 반드시 살려라 — 69

교사십계명 05 __ **사랑하라!**
사랑 자체이신 주님처럼 죽도록 사랑하라 — 85

Teacher's Ten Commandments

교사십계명 06 __ 기도하라!
주님이 기도하신 것처럼 믿음으로 기도하라　　　　　　　95

교사십계명 07 __ 입양하라!
우리를 가족으로 부르신 주님처럼 자녀로 입양하라　　　109

교사십계명 08 __ 자유케하라!
우리 모습 그대로 받으신 주님처럼 아이를 아이답게 하라　121

교사십계명 09 __ 포기하지 말라!
끝까지 포기하지 않으신 주님처럼 포기하지 말라　　　　131

교사십계명 10 __ 축복하라!
주님이 원수같은 우리라도 축복하신 것처럼 축복하라　　145

| 35쇄 기념판 서문 |

나는 당신이 만든 노래입니다

　교사십계명, 2007년 펴낸 이래로 오랜 시간이 지났지만 교회학교 교사들이 꼭 읽어야 할 책으로 위치한 것은 저자로서 무한한 영광이 아닐 수 없습니다. 하지만 안타까운 것은 2007년 그때보다 지금 더 어렵고 힘든 교육 환경과 교회학교 상황을 만난 것입니다. 교회마다 아이들은 사라져가고 심지어 교회학교가 사라진 교회도 많이 늘어난 것이 사실입니다.

　"2022년 대한예수교장로회 통합측 서울 서북노회와 함께 조사한 결과에 따르면 교회학교 운영률은 57%에 불과했고,

합동측의 경우도 100명 미만의 교회 중 48%가 아이들이 없어 주일학교가 없다고 답했다... 기독교대한감리회도 2012년 출석하는 12세 이하 아동이 약 27만명이었으나 2022년에는 14만 3천여명으로 45%가 감소하는 등 타교단의 상황도 다르지 않았다."(기독교신문 2024-4-29 인터넷판 '해마다 주일학교 없는 교회가 늘고 있다')

일부의 의견이지만 극단적으로 "2030년에 주일학교의 90%가 사라질 것이라고 몇몇 교회 교육자들은 비관적 전망"(한국기독일보 2024-12-02 인터넷판 '2030년에 주일학교의 90%가 사라질 것' 비관 전망)을 내놓기도 하였습니다. 지나친 우려일 수 있지만 실제 위기인 것만큼은 분명합니다.

더욱이 문제는 시대적 환경입니다. 세상 문화는 아이들을 자극하기에 충분하고 온통 재미에 기초한 게임과 위험한 동영상 뿐만 아니라 스마트폰과 소셜 미디어의 결합은 아이들에게 지대한 영향으로 다가온 것도 사실입니다. 일시적으로 스마트폰이 아이들로부터 크리스천 부모들의 자유를 누리게 하였지만 그것은 가상 세계의 과소 보호라는 잘못을 범하게 하였고 아이들은 우리가 전혀 다룰 수 없는 존재가 되어가는 것을 방치한 결과를 낳았습니다. 이에 대해 "불안세대"를 쓴 조너선 하이트는 이렇게 말합니다.

> "2010년대 초에 그들에게 스마트폰을 준 것은 마치 Z세대를 화성으로 보내 그곳에서 자라도록 한 것과 같다. 우리는 아이들을 역사상 최대 규모의 통제 불능 상태의 실험으로 몰아넣은 것이다."(조너선 화이트, 불안세대, 웅진지식하우스, 75)

조너선 하이트의 주장처럼 이미 우리는 아이들을 우리 뜻대로 양육할 수 있는 한계를 넘어섰는지도 모릅니다. 뿐만 아니라 세상 문화의 탁월한 재미와 유혹과 달리 교회는 전혀 흥미롭지 않은 신앙 교육 시스템을 갖고 있는 까닭에 세상과의 경쟁에서 교회 특히 주일학교는 경쟁력을 잃었다고 해도 틀리지 않습니다. 그렇다면 이제 우리는 어떻게 해야 화성에 있는 것 같은 아이들을 신앙으로 바르게 키울 수 있는 것입니까?

교사만이 희망이다

그래도 지금 우리에게 남은 희망은 사람 곧 교사입니다. 주님은 이 사실을 알고 계셨습니다. 그래서 주님이 마지막 내리신 지상명령은 사람이 사람을 제자로 삼는 것이었습니다.

> "너희는 가서 모든 민족을 제자로 삼아 아버지와 아들과 성령의 이름으로 세례를 베풀고 내가 너희에게 분부한 모든 것을 가르쳐 지키게 하라"(마28:19-20)

뿐만 아니라 주님은 인간 예수로 사신 3년의 전부를 제자 삼기에 쏟아 부으셨습니다. 사람만이 사람을 살리는 방법임을 가르치신 것입니다. 사람의 변화와 성숙이 사람을 통하여 이뤄지는 것을 아셨기 때문입니다. 이처럼 사람만이 사람을 살리고 세우는 주님의 방법이라면 우리가 첫 번째 해야 할 일은 교사 자신이 그리스도를 본 받는 자가 되어야 합니다. 아이들은 우리 곧 교사를 본 받아 자신들을 새롭게 하고 온전하게 될 가능성이 열리기 때문입니다. 이 놀라운 비밀을 깨달은 바울의 말입니다.

> "내가 그리스도를 본 받는 자가 된 것 같이 너희는 나를 본 받는 자가 되라"(고전11:1)

물론 쉽지 않습니다. 교사 자신의 삶이 힘들고 어려운 까닭에 과연 본이 될 수 있을지 고민이 되겠지만 다른 방법은 없어 보이는 것이 현실입니다. 그러므로 포기하지 않아야 합니다. 영화 '홀랜드 오퍼스'(Mr. Holland's Opus, 1996)의 홀랜드도 그런 의심을 하며 살았던 교사입니다.

영화의 배경은 1960년대 전쟁과 마약 그리고 히피적인 삶을 살 수 밖에 없는 비참한 세상 현실이었습니다. 그같은 현실에서 교사 홀랜드는 치열한 싸움을 싸우지만 녹록하지 않았습니다. 사랑하는 아들 콜트란의 청각 장애 상황이 그를 힘들게 하였고, 쥐꼬리만한 월급으로 살아야 하는 현실과 그를 이해하지 못하는 아내 때문에 매일이 전쟁같은 삶이었습니다. 그런 까닭에 어느 날 부터인가 위대한 곡을 쓰는 꿈 역시 환상으로 변하고 있었습니다. 심지어 사치스러운 것이 되고 있었습니다.

사실 이것이 인생이고 우리가 살고 있는 이 세상에서의 치열함입니다. 하지만 그같이 힘겨운 싸움을 하면서도 홀랜드 선생은 아이들을 가르치는 것을 소홀히 하지 않았습니다. 그런데 어느 날 불쑥 이유 없는 탈진과 절망감이 그를 엄습합니다. 멋있는 싸움을 싸워 왔지만 지친 것입니다. 더욱이 학교는 예산 감축 정책으로 손쉽게 없앨 수 있는 음악 프로그램을 없애버립니다. 30년동안 그가 가르친 수고가 물거품을 만나는 순간이었습니다. 마지막까지 이사회 앞에서 강하게 소신을 펼쳤지만 홀랜드는 이미 절망하고 있었습니다.

"솔직히 말해서 두려워 미치겠어... 뭔가를 바꿀 수 있을거라 믿고 30년을 바쳤지. 그런데 어느 날 아침에 일어나보니 뭔가 잘못된 것을 알았지. 난 소모품이었어. 오 하나님, 웃음 밖에 안나오는군."

어쩔 수 없이 학교 현장을 절망한 채 떠나야 했는데, 홀랜드 선생 앞에 30년동안 그가 가르쳤던 제자들이 찾아 온 것입니다. 더욱이 그들은 선생님을 위해 미리 준비한 것이 있었는데, 홀랜드 선생이 작곡한 '아메리카 교향곡'을 연주하는 것이었습니다. 그것만이 아니었습니다. 그들이 연주하기 전 홀랜드 선생에게 한 말은 '영향'이었습니다. 곧 선생님이 '본'이었다는 뜻이었습니다.

"홀랜드 선생님은 저와 많은 학생들에게 영향을 주셨습니다. 혹시 후회할지도 모른다는 생각을 했습니다. 선생님은 언제나 부와 명성을 안겨줄 심포니 작곡을 하셨죠. 하지만 선생님은 부자도 아니고 이곳에서만 유명할 뿐입니다. 따라서 실패했다고 생각할 수도 있지만 그건 잘못이죠. 왜냐면 부와 명성을 초월한 성공을 하셨기 때문입니다. 주위를 보세요. 선생님께 영향을 받은 제자들입니다. 우리가 선생님의 심포니입니다. 우리가 선생님 작품의 음표이자 음악입니다."

주일학교 교사, 우리도 홀랜드 선생과 비슷하다는 생각이 들지도 모릅니다. 홀랜드 선생이 자신의 30년 교육을 의심한 것처럼 우리도 의심합니다. 알다시피 세상에서 대부분을 사는 아이들, 영향 받을 일과 사람들이 가득한 세상을 사는 우리 아이들이 고작 주일 한 두 시간 정도 교사들과 함께 하는 얼마나 영향을 미칠까 하는 의심입니다. 아니 더 그럴지도 모릅니다. 하지만 교사십계명 초판 서문에서 예로 든 아이 현정이에게 영향을 준 선생님처럼 우리를 통하여 아이들은 믿음을 배울 것입니다. 또한 우리를 통해 그리스도를 배울 것입니다. 비록 일주일에 한 번 만날지라도 우리는 매일 기도로 아이들을 가르칠 수 있고, 주님은 우리의 기도와 가르침을 통해 아이들을 세우실 것이 분명하기 때문입니다. 그리고 어느 날 그 아이들이 우리를 찾아와서 이렇게 말할 것입니다.

"나는 당신이 만든 멜로디입니다. 당신 때문에 나는 세상에서 살만한 이유와 방향을 찾았고, 그렇게 살다가 왔습니다."

1983년 홍남교회에서 교육전도사로 시작한 이래 늘 아이들과 청년들 그리고 교사들과 함께 해온 시간은 교육목회의 시간이었습니다. 이 책은 그 시간들을 걸으며 몸부림쳤던 경험을 적은 것 뿐인데 이토록 사랑받은 책이 된 것이 감사할 뿐입니다. 이 귀한 책을 출간한 나눔사와 성상건 장로님 그리고 이 책의 주된 현장이었던 미아동교회 그리고 평생을 목회해온 나의 마지막 사역지 꿈이있는교회의 지체들과 사랑하는 아내에게 감사를 드립니다. 그리고 무엇보다 주님 감사합니다.

하정완목사

| 초판 1쇄 서문 |

진짜 선생님을 만나고 싶다!

"자 오늘은 공부하기 전에 장래에 자기가 되고 싶은 것이 무엇인지 적어볼까?"

김선생은 종이 한 장씩을 나눠주었다. 매년 학기가 시작할 때마다 의례적으로 아이들이 갖는 시간이었다. 아이들은 언제나 뻔한 희망들을 적어냈다. 자신이 어렸을 때는 "의사, 변호사, 장군, 국회의원, 기업가, 사업가, 교수, 간호사, 교사……" 등을 주로 썼었지만 요즈음 아이들은 이외에도 "배우, 가수, 야구선수, 축구선수, 백댄서, 프로게이머, 골프선수……" 등 매우 다양해졌다.

하지만 언제나 예상할 수 있는 희망들을 적어낼 것이 생각되어서인지 김선생은 별로 기대가 되지 않았다. 잠시후 아이들은 장래 희망을 적어냈다. 빼곡하게 자신이 되고 싶은 것과 어떤 삶을 살고 싶은지에 대해 써낸 아이들도 있었지만 어떤 아이들은 성의없게 단 한 단어, "교사"라고 쓴 아이도 있었다.

교무실로 돌아왔다. 김선생은 대충 아이들의 장래 희망을 훑어보기 시작했다. 아이들은 예상대로 상투적인 희망들을 적어냈다. 물론 예상외의 희망을 적은 아이도 있었다. 가장 많이 써낸 희망은 "교사"였다. 아직도 아이들에게 교사는 선망의 직업이라는 생각에 마음이 뿌듯했다. 또한 자신이 교사로 잘 가르치고 있어서 영향을 받은 것이라고 생각하니 더욱 행복한 마음이 들었다.

"가만 있자. 우리 현정인 무엇이 되고 싶다고 했을까?"

갑자기 김선생 머리 속에 현정이가 떠올랐다. 현정이는 김선생반의 반장이다. 정말 똑소리 날 정도로 똑똑하고 예쁘고 예의바르고 착하였고 무엇 하나 나무랄 것이 없는 아이였다. 자신에게도 현정이 만한 나이의 딸이 있지만 현정이는 정말 다른 아이였다. 그래서 장래 희망이 궁금했던 것이다. 김선생은 현정이가 써낸 희망사항을 보았다. 현정이가 적어낸 종이에도 역시 "교사"라는 글자가 써 있었다. 정말 행복했다. 다른 아이들보다 현정이가 써서 더 즐거웠다. 그런 기분도 잠깐! 약간 이상하였다. 글자가 좀 이상하였다. 거기에는 다른 글자가 더 붙어있었다.

"장래 희망: 교회학교 교사"

김선생은 하루종일 안절부절하지 않을 수가 없었다. 현정이가 장래 희망란에 쓴 "교회학교 교사"란 단어 때문이었다. 만일 현정이가 "정치인, 사업가, 교수……" 무엇을 썼든지 그 정도 자격이 충분하다고 생각했었지만 너무 의외의 희망을 썼기 때문이다. 다른 것들에 비해 "교회학교 교사", 평가하기는 어렵지만 당황스러운 대답이었다. 왜 이런 희망을 썼는지 궁금해 견딜 수가 없었다. 더욱이 현정이를 가르친 교회학교 교사는 누구인지 정말 궁금하였다.

사실 김선생은 은평구에 있는 A교회의 교회학교 교사였다. 결혼하기 전부터 시작해서 지금 10년이 훌쩍 넘은 베테랑 교사였다. 하지만 교회학교 교사를 하지만 학교에서 아이들에게 시달린터라 피곤하기도해서 교회 교사 역할은 대충하고 있었다. 그런 그녀에게 이처럼 기막힌 희망을 본 순간 충격이 지워지지 않았다. 물론 교회학교 교사가 하찮은 것은 아니었지만 대단한 것이라고 생각해보지 않았던터라 당황스러웠는지도 모른다.

다음날 아침 김선생은 일찍 학교로 출근했다. 언제나 일찍 나와서 청소하고 자신의 교탁위에 꽃을 꽂아놓는 현정이가 다른 아이들보다 먼저 나오는 것을 알고 있었기 때문이었다. 아니나 다를까 이미 현정이는 교실에서 청소하고 있었다.

"현정아 안녕"
"아, 선생님 안녕하세요"

현정이는 매우 반갑게 인사하였다. 김선생은 "참 예쁜 아이다"라는 생각을 하였다. 그리고 이내 하고 싶은 질문을 꺼내었다.

"현정아!"
"예"
"선생님이 하나 물어보고 싶은데……"

현정이는 김선생을 향해 고개를 끄덕이며 빙그레 웃었다.

"어제 말이지"
"예. 선생님"
"희망사항 쓰는 시간에 있지?"

현정이는 약간 의아해하는 눈치였다.

"네가 쓴 걸 보았는데…… 교회학교 교사라고 썼던데……"

현정이는 교회학교 교사라는 나의 말을 듣자 이전보다 더 환한 웃음을 지어보였다.

"왜 그렇게 썼는지 말해줄 수 있니?"

사실 이 질문을 던질 때 김선생은 많이 부끄러웠다. 무엇인지 모르지만 자신의 부끄러운 부분을 보여준 것 같았기 때문이었다. 현정이는 김선생의 질문에 차근 차근 얘기하기 시작하였다. 현정이의 얼굴과 입 주변에는 미소가 가득하였다. 현정이를 가르치고 있는 교회학교 교사가 자신에게 해주었던 일들을 하나씩 얘기할 때마다 현정이는 즐거워하고 있었다. 그 교사가 해준 것들은 자신이 그저 하는 교회학교 교사생활과는 달랐다. 한마디로 말해서 가족처럼, 자신의 조카처럼 사랑하며 대하고 있음을 한순간에 알 수 있었다.

김선생은 현정이가 그렇게 사랑하고 존경하는 그 교회학교 교사를 만나고 싶었다. 도대체 어떤 사람인지, 어떻게 아이들을 사랑하고 있는지 알고 싶었다. 무엇이 현정이로 하여금 그같은 선생님이 되고 싶다고 말한 것인지 너무 궁금해졌다. 교회에서 월급을 받는 것도 아니고, 누구나 마음만 먹으면 할 수 있는 교회학교 교사를 세상에서 제일 하고 싶다고 말하게 한 그 아름다운 선생님을 만나고 싶었다.

....

이 이야기는 실제 있었던 이야기이다. 현정이가 말한 그 교회학교 교사는 사실 내 막내 처제이고, 지금은 목사 사모가 되었다. 현정이는 내 처제가 결혼하기 전 교회에서 교사로 봉사할 때 4학년 아이였다.

어디를 가든 교사대학을 할 때면 어김없이 이 이야기는 꼭 한다. 우리가 교회학교 교사를 하지만 교사에 대한 자부심은 별로 없는 것이 사실이다. 심지어 어떤 이는 주일성수 하기 위해서 혹은 신앙생활을 잘 하려고 교사를 하기도 한다. 그러니 교회학교 교사를 학교 풀타임 교사처럼 일하는 사람은 찾아보기 힘들다. 그래서 교회학교 교사는 별로 중요하지도 않고 영향력도 끼치지 못한다.

김대중 대통령이 재임하던 시절 한국에서 사랑의 집짓기 해비타트 행사가 있었다. 그때 미국의 지미 카터 전 대통령, 필리핀 코라손 아키노 전 대통령등 세계의 주요 인물들이 참여했었다. 행사가 끝나자 김대통령은 저녁 만찬으로 그들을 초대하였다. 모두가 기꺼이 참여하였지만 유독 카터 전 대통령만 정중히 고사했다고 한다. 이유는 영광스러운 자리이긴하지만 그 만찬에 참여할 경우 타야 할 비행기를 타지 못하기 때문이었다. 미국에 시간을 맞춰서 가야 할 일이 있었기 때문이었다. 사람들은 무슨 대단한 약속이 있는 줄로 생각했다. 하지만 그 이유는 자신이 맡고 있는 주일학교 아이들을 가르치는 분반공부 시간 때문이었다.

사람들은 돈을 받는 직업으로 가르친다. 학교 교사로, 학원 선생으로 혹은 개인교사로 일을 한다. 하지만 교회학교 교사는 돈을 받지 않는 자비량 사역이다. 그래서 그런가? 중요하다고 말하기는 하지만 우선적인 일이라고 생각하지 않는 것 같다. 그래서 카터나 내 처제같은 선생님들을 만나면 가슴이 뜨거워진다. 진짜이기 때문이다. 아무런 댓가도 받지 않고 오직 주님의 마음을 품고 사랑으로 아이들을 가르치고 헌신하고 희생하기 때문이다. 이것이 진짜이다. 변화는 이때 이루어진다.

언제나 변화는 희생할 때 일어난다. 댓가를 바라지 않고 오히려 스스로 희생하고 헌신하며 투자하고 사랑하고 우선

순위로 삼고 피를 쏟아놓는 선생님들, 더욱이 그리스도의 사랑에 감격하여 견딜 수 없는 자원함으로 사역하는 선생님들을 통하여 아이들은 변화되는 것이다. 그리고 세상은 희망이 생기는 것이다.

진짜 선생님을 만나고 싶다. 우리 한국 교회를 살리고 아름다운 지도자들을 키워낸 선생님들을 만나고 싶다. 이같은 뜨거운 열망으로 이 책을 썼다. 뜨거운 마음으로 주어진 아이들을 위해 목숨을 건 아름다운 선생님들에게 이 책을 바친다.

오랜 세월동안 변함없이 함께 해온 나눔사의 성상건 사장님과 손종오장로님께 감사드리며 그 걸음 멈추지 않고 걸어온 꿈이있는교회 지체들 그리고 사랑하는 아내 은희에게 감사드린다.

이 땅의 뜨거운 마음의 선생님들을 위하여
하정완 목사

우리를 먹이신 예수님처럼
먹여라!

서른살 되던 해, 목사 안수를 받고 처음으로 미아동 교회 교육목사로 부임하였다. 이전에 계셨던 교육목사가 박사과정을 마무리하기 위해서 사임하였고, 약간의 시간의 공백이 있은 후 내가 부임하였다. 그동안 교회학교는 교육목사가 새로 오는 것을 매우 고대하고 있었다.

미아동 교회의 교육환경은 쉽지 않은 상황이었다. 우선 이전에 교육을 담당하시던 분에 대한 신뢰가 큰 교회학교였다. 그 분이 가르쳤던 내용도 그랬지만 매우 호감있게 목회하였고 많은 사람들이 그를 그리워하고 있었다. 더욱이 나는 나이가 고작 서른살이었다. 아직도 내가 나 자신을 모르

는 나이였는데, 정말 불안하였다. '어떻게 목회를 할까?'

아침 날씨가 참 좋았다. 교육목사로 부임한지 며칠이 지나지 않았는데 교회들의 연합모임인 지방회에서 체육대회를 고려고등학교 운동장에서 열었다. 중고등부부터 장년에 이르기까지 전 교인이 참여하는 교회대항 체육대회였다.

"여보, 오늘 체육대회 뭘 입고가지? 명색이 목사가 반바지에 티하나 입고 가면 사람들이 뭐라고 할까?"
"이전에 계시던 목사님은 매우 점잖게 하셨다는데…… 모르겠어요. 당신 마음대로 하세요"

아내도 혼란스러워하였다. 사실 목회 시작을 시골교회에서 하였고 서울 올라와서도 작은 교회에서만 목회하였던 터라 옷 하나 입는 것조차 신경쓰였던 것이 사실이다.

"에이 그냥 입고 갈래. 내가 뭐 운동하러 가는거지 패션쇼 하러 가는 거 아니잖아"

운동장에는 벌써부터 여기저기 교인들이 모여 있었다. 나는 교육목사여서 굳이 어른들이 있는 곳에 있을 필요는 없었다. 하지만 나의 옷입은 모습 때문에 어른들은 약간은 당황해하는 눈치였다. 사람들의 눈치도 그렇고 아이들도 찾을 겸 두리번거리다가 운동장 위편 농구장에서 우리 교회 아이들이 농구하는 것을 발견하였다.

농구하는 것을 보고 서 있는 내가 누구인지 안 한 고등부 아이가 아는채 하였다.

"같이 하실래요"

좀 어색했지만 같이 농구공을 잡았다. 대학교 시절 1학년 때 신학과 농구대표를 해본 적이 있어서 농구는 자신이 있었다. 사실 무슨 농구 기술이 있었던 것이 아니라 좀 터프하게 운동하는 편이어서 농구를 하면 늘 요란했다. 금방 아이들과 몸을 부딪히고 소리를 지르면서 농구를 하다가 좀 거칠게 하는 바람에 애들이 당황해하는 눈치였다.

"야, 저 꼰대 도대체 누구야?"

"응 이번에 오신 목사님이셔"
"뭐 목사님? 목사가 뭐 저래"

　예전에 계셨던 목사님이 예의를 중요시하던 분이어서 아이들과 같이 농구를 하신 적이 없었던 터이라 나의 이런 행동이 이상하게 보였을 것임에 틀림이 없었다. 계속되는 나의 돌발적인 행동들은 화제가 되었고 민감한 반응을 불러 일으켰다.
　사실 별 것 아니었지만 아이들과 함께 공을 차다가 함께 물병에 입을 대고 먹고 소리를 지르고 요란하게 공을 찼다. 운동회가 끝나고 난 후 아이들을 중국집에 데리고가서 자장면 한 그릇씩을 사주었다. 그런 나의 행동은 교회에 대단히 큰 반응을 불러 일으켰다. 분명 별것 아니었을지도 모르는데 교회는 민감한 반응을 하였다.
　"목사가 체신없게 저게 뭐냐"고 말하는 교인부터 시작해서 "아이들과 함께 뛰는 모습이 신선했다"는 반응까지 매우 다양하였다. 대체적으로 교회 어른들의 분위기는 좋지 않았다. 한가지 사건이 없었다면 더욱 좋지 않은 방향으로 흘렀을지도 모른다. 한가지 사건이란 거기 있었던 아이들 모두에게 자장면을 사준 사건을 말한다. 놀랍게도 목사가 아이들에게 자장면을 사준 일은 매우 충격적인 사건으로 받아들여지고 있었다. 아마 이전에 계셨던 목사님은 그런 적이 없었음에 틀림이 없었다. 아이들은 즉각 자기 엄마 아빠에게 조잘대기 시작할 수 밖에 없었을 것이다. 다행히도 자장면 때문에 나의 천방지축 행동은 순수하게 받아들여졌다. 벌써 교회 어른들 중 자녀를 가진 교인들의 눈길이나 반응이 달랐다.

"목사님이 돈이 어디 있어서 그 많은 아이들에게 자장면을 사주셨어요?"

"우리 아이가 그러는데요 세상에서 제일 맛있는 자장면이었데요. 고마워요 목사님"

어떤 교인들은 슬쩍 나에게 봉투를 건네면서, "아이들 자장면이나 사주세요"라고 말하기 시작하였다. 자장면 한 그릇 사준 것이 이렇게 큰 반응을 일으킬 줄은 꿈에도 몰랐다. 그렇게 미아동 교회에서 나의 교육목회는 시작되었다.

자장면 사건 이후로 나의 교육목회 전략의 중요한 핵심은 자장면을 사서 먹이듯이 먹이는 것이 되었다. 나와 함께 밥을 먹고 얘기한 사람들은 모두 나의 친구가 되고 협력자가 되는 것을 발견하였기 때문이었다. 무슨 전략같은 것이 아니라할지라도 그때부터 먹이는 것을 좋아하는 목회를 하였다. 그런 태도는 지금까지 이어져서 늘 먹이고 사주고 하는 일은 나의 중요한 목회 부분이 되었다.

> 먹고 마시는 일은 어떤 분반공부보다 중요한 일이다.

먹여라! 첫 번째로 우리 교사들에게 하고 싶은 이야기이다. 가능하면 내가 쓰는 용돈의 십일조를 떼어내어 내가 맡고 있는 반 아이들을 먹이는데 쓰라고 말하고 싶다. 아이들과 만나서 함께 먹고 마시는 일은 어떤 분반공부보다 중요한 일이기 때문이다.

물론 자신은 아이들에게 떡볶이, 햄버거를 잘 사주는 편이라고 말할지 모른다. 그런데도 아이들이 고마워할줄 모른다고 투덜대는 교사가 있을지도 모른다.

"내가 애들에게 얼마나 많이 사줬는지 아세요? 햄버거, 아이스크림, 떡볶이…… 그런데 애들이 고마워하지도 않아요."

사실 요즈음 애들이 너무 잘 살아서 그런것 같아요."

옳은 얘기이다. 하지만 무엇을 사주고 먹이는 것보다 더 중요한 것은 의미가 들어있는 행위여야 한다는 점이다. 사실 우리가 아이들에게 먹일 때를 보면 대부분 보상 행위에서 나온다.

"애들아 오늘 분반공부 조용히 하면 떡볶이 사줄게"
"이 공부 마치면 영화보러 가자"
"전도하는 친구에게 ……줄게"

사주고 먹이는 것은 어떤 조건을 갖췄을 때 벌어지는 것이 대부분이다. 그래서 아이들의 입장에서 볼 때 당연한 보상이라고 생각한다. 고마워할 이유가 없는 것이다. 그렇다면 어떻게 해야 먹고 사주는 일이 아이들을 가르치는데 도움이 되는 것일까?

첫째, 어떤 조건도 없이 사랑에서 흘러나오는 것임을 아이들이 느끼게해야 한다. 예를 들어 어느날 학교가 끝날 즈음에 반 아이 한명을 학교 앞에서 만난다. 교사의 삶과 그 아이의 삶을 함께 나누며 같이 먹는 떡볶이는 영향력을 발휘할 수 밖에 없다. 그것도 대충 눈에 보이는 떡볶이 집이 아니라 미리 준비된 떡볶이 집, 이미 충분히 생각해놓은 계획임을 발견할 때 아이들은 더욱 깊이 감동을 받을 것이다.

"영만아, 우리 동네에서 조금 떨어졌지만 이 집 떡볶이가 정말 죽이던데…… 너 떡볶이 좋아한다고 그랬지. 언제 한번 너하고 같이 와서 먹고 싶었거든. 어때 괜찮지? 맛있지? 죽이지?"

무슨 특별한 상담을 하지 않았어도 이미 그 아이와는 인격적인 어떤 교류가 이루어졌을 수밖에 없다. 사랑이 싹튼 것이다.

둘째, 마음속의 고민을 들어주어야 한다. 사실 먹는 것은 언제나 이차적인 일이어야 한다. 좋은 교사는 먹는 것으로 끝나지 않고 아이의 마음 속 고민을 물어보고 들어주고 얘기해주는 친구가 되는 교사이다. 아이들 역시 고민하고 있고 슬퍼하고 있고 힘들어하고 있다는 것을 이해하고 들어주고 기도해주는 교사가 필요하기 때문이다.

주님이 말씀하시는 교사십계명

"육지에 올라보니 숯불이 있는데 그 위에 생선이 놓였고 떡도 있더라…… 예수께서 가라사대 와서 조반을 먹으라 하시니 제자들이 주신줄 아는 고로 당신이 누구냐 감히 묻는 자가 없더라 예수께서 가셔서 떡을 가져다가 저희에게 주시고 생선도 그와 같이 하시니라"(요21:9,12-13)

시몬 베드로, 참 실수도 많고 잘못도 많이 범했다. 그 중에 첫째를 꼽으라면 주님을 세 번이나 부인하고 저주한 사건일 것이다. 뿐만아니라 부활하신 주님을 만난 후에도 베드로는 주님의 복음명령을 지키기 보다는 삶의 문제를 해결하기 위하여 디베랴 바다로 나아간다. 하지만 밤새도록 고기를 잡으려고 시도한 그의 그물은 텅텅 비어 있었다. 그때 주님이 나타나셨다. 새벽, 지칠대로 지친 베드로에게 허락한 것은 엄청난의 양의 고기를 잡게 한 것이었다. 주님이셨다.

베드로는 그제서야 예수님인줄 알았다. 그리고 바다로 뛰

어뜰어 육지에 올라왔을 때 주님이 준비하고 계신 것은 숯불구이 떡과 고기였다. 비겁하게 자신을 배반하고 마음대로 행동한 베드로를 위해 준비한 예수님의 배려와 사랑이었다. 밤새도록 지친 그들에게 가장 필요한 것이었다. 먹이는 것이었다.

더 기막힌 것은 주님께서 밥을 먹는 동안 가만히 함께 먹고 계셨던 것 같다. 하고 싶은 말이 많이 있었지만 주님은 가만히 계셨다. 그렇게 식사가 끝났다. 그제야 비로소 예수님이 말씀을 꺼내셨다.

> "저희가 조반 먹은 후에 예수께서 시몬 베드로에게 이르시되 요한의 아들 시몬아 네가 이 사람들보다 나를 더 사랑하느냐"(요21:15)

먹여라! 내가 먹인 것처럼 먹여라! 아무 조건없이 먹여라!" 주님이 하고 싶은 얘기가 아닐까?

참 멋있다. 어렸을 때 우리 어머니도 밥을 먹을 때는 아무리 화가 나셨어도 때리지 않으셨다. "밥 먹을 때는 개도 때리지 않는다!" 이런 신조같은 것이 어머니에게는 계셨다.

"먹여라! 내가 먹인 것처럼 먹여라! 아무 조건없이 먹여라!"
아마 주님이 오늘 이곳에 계시면 하고 싶은 말일 것이다.

내 삶에 적용된 교사십계명

우리가 어떻게 아이들을 잘 가르치고 이끌 수 있을지 모르겠다면 우선 먹여보라! 같이 먹고 수다를 떨어보라! 그것이 가르침의 시작이기 때문이다.

1. 아이들에게 먹을 것을 사주고 함께 지낸 적이 있었는가? 먹으면서 함께 수다를 떨어본 적이 있는가?

2. 만일 있었다면 어떤 조건이 충족되었을 때 있었던 것인가? 아니면 아무런 조건없이 있었던 것인가?

3. 아이들 목회를 위해 나름대로 십일조를 떼거나 약간의 용돈을 쪼개어 아이들을 위해 쓸 준비를 하고 있는가?

우리의 친구되신 예수님처럼
친구가 되어라

교육목사인 나의 역할은 유치부부터 시작해서 청년부까지 목회하는 것이었다. 일반적으로 주일에 모든 사역이 몰려 있던 터라 주일이 되면 무척 바빴다. 청년부 예배는 토요일 저녁에 있었지만 주일에는 유치부 예배부터 시작해서 중고등부 예배까지 몰려 있었다.

아침 9시 10분 주일 1부 예배는 중고등부 예배였지만 약간의 어른들도 함께 예배하였고, 이어 주일 2부 예배가 이어졌는데, 그 시간에 중고등부는 분반활동을 하였다. 그래서 1부 예배가 끝나고 2부 예배 동안의 잠깐 사잇시간이 내겐 짧은 여유시간이었다.

부임한지 얼마 안된 어느날 장년 2부 예배와 중고등부 분반시간, 약간의 여유가 있을 때였다. 예배당 앞 마당에서 아이들이 공을 갖고 놀고 있길래 함께 간단한 공차기를 하게 되었다. 사실 예배당 안에서 어른들이 2부 예배를 드리고 있었고, 중고등부들이 분반공부를 하고 있었기 때문에 마당에서 공을 차는 것은 안되는 일이었다.

여하튼 최대한 조용히 공을 차면서 아이들과 놀고 있었는데 갑자기 뜻밖의 사건이 벌어지고 말았다. 한 아이가 찬 공이 목사님실 유리창을 깬 것이었다. 교회 전체의 일상적인 분위기를 깬 매우 당황스러운 사건이었다. 예배당 안에서 예배를 드리고 계시던 장로님 몇 분이 급작스럽게 밖으로 뛰어나왔다. 몇몇 아이들은 얼어붙은 자세가 되었고, 한 장로님이 소리를 지를 태세였다. 하지만 공교롭게도 그 장로님이 발견한 사람은 아이들 틈새에서 머리를 북적북적 긁으며 겸연쩍게 서있는 교육목사인 나였다. 나의 표정은 마치 내가 유리창을 깬 것같은 모습이었을 것이다. 그런 나를 발견한 장로님은 어떤 반응을 보일 수도 없었다. 그저 입 틈으로 "쯔쯧"이라는 소리가 들리는 것 같았다. 그 장로님은 한심하다는 투로 쳐다보면서 예배당으로 들어가셨다. 하긴 고작 서른 밖에 되지 않는 초년생 목사에게서 뭘 기대하는 것이 우스웠을지도 모른다.

그 날 사건은 그대로 끝나지 않았다. 장로님을 비롯한 어른들 사이에서는 철없는 목사로 이해되었는지 모르지만 아이들 사이에서는 대단히 놀라운 일로 회자되기 시작했다. 아이들 사이에서 나는 자신들을 이해해주는 멋있는 목사님으로 평가되기 시작하였다. 별다른 일을 하지도 않았는데 이미 교회학교 아이들과 학생들로부터 대중적 지지(?)를 얻게 된 셈이었다. 운동회와 자장면 사건이 중고등부와 관련된 것이었다면 유리창 사건은 아동부가 관계된 사건이었다.

교사대학을 인도하다 보면 많은 교사들이 이렇게 묻는다.

"어떻게 하면 아이들과 잘 통할 수 있나요?"
"아이들이 내 말을 듣지 않는데 어떻게 해야 해요?"

그럴 때마다 나는 이런 말을 한다.

"아이들과 함께 친구가 되세요"
"그냥 아이들과 함께 노세요"

아이들과 함께 놀고 친구가 되는 것, 당연히 아이들의 눈높이로 내려가 아이들과 같은 언어로, 생각으로 만나는 것을 말한다. 심지어 나이 오십을 바라보는 내가 중고등부 집회를 지금도 인도하고 다니는데, 그 비결이 뭐냐고 물어보면 늘 대답이 뻔하다.

"설교하려고 단 위에 서지 않습니다. 아이들과 한바탕 놀려고 단 위에 섭니다. 아이들의 언어로 아이들의 몸짓으로 함께 놀고 말하려고 합니다. 물론 지금의 나로 변화시킨 하나님을 소개하는 것을 잊지 않고 말입니다."

그렇게 집회가 끝나고 나면 아이들이 지나가면서 나를 툭툭 친다. 나를 친구로 여긴다는 표현이다. 그러면 난 이렇게 말한다.

"그래. 재미있었니?"

혹은 손을 불끈 쥐면서 "화이팅!"이라고 하기도 한다.

아이들과 대화가 되지 않는 것은 아이들이 문제가 있어서가 아니다. 우리가 너무 많이 아이들과 멀어졌기 때문이다.

> 아이들과 대화가 되지 않는 것은 아이들이 문제가 있어서가 아니다.
> 우리가 너무 많이 아이들과 멀어졌기 때문이다.

지금은 주로 청년들과 많이 만나지만 만나러 가거나 상담을 요청했을 때 "상담한다", "심방한다"는 말을 쓰지 않는다.

"그래 언제 우리 데이트할까? 언제가 괜찮아?"

성경은 하나님이 인간이 되었다고 설명한다. 사실 불가능한 이야기이다. 그래서 플라톤의 이데아론에 익숙했던 헬라인들에게 눈에 보이는 인간 하나님이신 예수님은 껍데기 혹은 그림자처럼 생각되었다. 그것이 영지주의나 양자론적 기독론을 발생시킨 요인이 되었다. 누구도 하나님같은 절대적이고 초월적 존재이신 분이 제한적인 인간의 모습으로 온다는 것을 이해할 수 없었기 때문이었다.

그런데 하나님이 인간이 되신 것이다. 그것을 성육신(incarnation)사건이라고 말하며, 그 분이 예수 그리스도이시다. 고민할 것도 없이 하나님이 인간이 되신 사건의 핵심은 우리를 사랑하시기 때문이고 우리를 구원하려하시기 때문이었다.

누구보다 바울은 성육신의 비밀을 정확하게 안 사람이었다. 그래서 그는 예수님과 똑같은 삶의 방식으로 세상을 만났다. 당시로는 짐승처럼 여겨지던 이방인, 비유대인, 여자, 노예 할 것없이 자유롭게 바울은 만날 수 있었다. 바울의 얘기는 너무나 명료하였다.

"나는 어느 누구에게도 얽매이지 않은 자유로운 몸이지만, 많은 사람을 얻으려고 스스로 모든 사람의 종이 되었습니다. 유대 사람들에게는 내가 유대 사람을 얻으려고 유대 사람과 같이 되었습니다. 율법 아래에 있는 사람들에게는 내가 율법 아래에 있지 않으면서도, 율법 아래에 있는 사람들을 얻으려고 율법 아래에 있는 사람과 같이 되었습니다. 율법이 없이 사는 사람들에게는 내가 하나님의 율법이 없이 사는 사람이 아니라, 그리스도의 율법 안에서 사는 사람이지만, 율법이 없이 사는 사람들을 얻으려고 율법이 없이 사는 사람과 같이 되었습니다. 믿음이 약한 사람들에게는 내가 약한 사람들을 얻으려고 약한 사람이 되었습니다. 나는 모든 사람에게 모든 모양의 인물이 되었습니다. 그것은, 내가 어떻게 해서든지, 그들 가운데서 몇 사람이라도 구원하려는 것입니다."(표준새번역/고전 9:19-22)

어떤 의미에서 우리는 너무 교만한 것이 사실이다. 우리만의 기준을 정해놓고 그 안으로 들어올 것을 강요하기 때문이다. 하나님이 인간이 되신 사건을 모르기 때문에 벌어진 일이다. 참 답답한 노릇이 아닐 수 없다.

주님이 말씀하시는 교사십계명

"이제부터는 내가 너희를 종이라고 부르지 않겠다. 종은 주인이 무엇을 하는지 알지 못한다. 나는 너희를 친구라고 불렀다. 내가 아버지에게서 들은 모든 것을 너희에게 알려 주었기 때문이다."(공동번역/요 15:15)

"나는 너희를 친구라 불렀다!" 주님이 하신 말씀이다. 우리를 친구로 여기고 계시다! 주님이 이처럼 우리를 친구로 여기고 계셨기 때문에 친구를 위하여 사람들의 눈치를 보지 않았다. 주님은 스스로 죄인, 세리들의 친구라고 불리우는 것을 두려워하지 않았다.

"인자는 와서, 먹기도 하고 마시기도 하니, 그들이 말하기를 '보아라, 저 사람은 먹기를 탐하는 자요, 포도주를 즐기는 자요, 세리와 죄인의 친구다' 한다."(마 11:19)

이처럼 많은 비난과 손가락질을 받았지만 주님은 그들과 함께 먹고 마셨다. 왜냐하면 친구였기 때문이다.

> 예수 그리스도가 우리를 친구로 여기시는데 우리도 역시 아이들을 친구처럼 대하지 못할 이유는 없지 않은가?

생각해보자. 하나님과 동일하신 분이신 예수 그리스도가 우리를 친구로 여기시는데 우리도 역시 아이들을 친구처럼 대하지 못할 이유는 없지 않은가? 심지어 하나님 조차도 아브라함에게 "친구"라는 표현을 하신 것을 기억하지 못하는가?

"이렇게 해서 '아브라함은 하느님을 믿었고 하느님께서는 그의 믿음을 보시고 그를 올바른 사람으로 인정해 주셨다.'라는 성서 말씀이 이루어졌으며 아브라함은 하느님의 친구라고 불리었던 것입니다."(공동번역/약 2:23)

내 삶에 적용된 교사십계명

주님이 우리에게 "어이 친구!"라고 부르신다는 것을 생각하고 아이들을 친구처럼 바라보면 어떨까? 같이 놀아주고 이해해주고 밤새도록 얘기해도 지루하지 않은 친구처럼 옆에 있어주면 어떨까?

1. 나의 가르침은 친구처럼 다정한가? 아니면 군림하는 군대의 지휘관처럼 명령조인가?

2. 예배는 어떤가? 분반공부는 어떤가? 아이들의 입장에서 진행되고 있는가? 아니면 교사들의 입장에서인가? 어떻게 변해야 한다고 생각하는가?

3. 우리가 아이들과 같은 모습으로 내려가서 친구처럼 바라보려는 시도는 어떤 것들이 있었는가? 없다면 어떻게 해야 할 것인가?

4. 교사들 중에 새로운 시도들이 있었다면 함께 나누는 시간도 가져보라

인간으로 오신 예수님처럼
이해하라

아이들과 학생들의 대중적 지지(?)를 얻게 된 것은 단순히 아이들과 놀고 아이들을 먹이고 이해하기 때문만이 아니다. 아이들과 함께 할 수 있는 특별한 커뮤니케이션의 능력 때문이었던 것 같다. 아이들이 좋아하는 설교가 그 대표적인 이유였다. 한때는 어린이 부흥회를 인도하기도 했다. 광림교회, 종교교회등 웬만한 교회에서 인도하였고 중고등부는 말할 필요도 없다. 누군가 나를 소위 TOP 10 청소년 부흥사 중의 한 사람으로 분류하였다. 하지만 원래부터 내가 어린이나 청소년과 잘 통하는 설교자는 아니었다.

1985년 연세대학교 연합신학대학원을 졸업하고 제주도로 담임목회를 나갔을 때의 일이다. 첫 번째 부임했던 교회와 문제가 생겨서 3개월만에 옮긴 곳이 제주도 애월읍 수산리라는 중산간 마을의 작은 교회였다. 하루에 몇 번 오지 않는 버스가 다니는 곳, 이농현상이 심각하게 벌어져서 마을에는 노인들이 대부분이었고, 덩달아 아이들이 줄어들기 시작하자 초등학교는 몇 해전부터 분교로 바뀌었고 이제 곧 폐교된다는 소문이 있는 곳이었다.

교회 교인은 몇 명 되지 않았다. 어른들이 7~8명 되는데 그중에는 할머니, 뇌성마비장애를 겪고 있던 자매를 포함해서였다. 한 달 월급은 도서비 명목으로 2만원이 전부였다. 그곳에서 목회한다는 것은 쉬운 일이 아니었다. 나름대로 유명 대학원을 졸업하였고, 후기 하이데거 해석학의 관점을 이어받은 "게르하르트 에벨링의 말씀사건 연구"라는 제목으로 논문을 썼다. 그런데 교회는 내가 가지고 있는 지적 수준을 수용할 수가 없는 상황이었다. 약간 교만한 표현이지만 말이다.

첫 목회 시작이 그 모양으로 출발하면서 "참 내가 제대로 목사구실 할 수 있을까?"하는 질문이 생긴 것도 그 즈음이었다. 그래도 예배는 인도해야 했다. 어른들 설교는 매달 순복음실업인선교회에서 보내주는 조용기목사님 설교집으로 대충 때워서 하면 되었지만(참 한심한 전도사였다) 문제는 아이들 설교였다. 우리 교회에는 분교 아이들 일부가 다니고 있었다. 나중에는 처음 5~6명 모이던 수준이 20여명 정도 모이는 교회학교로 폭발적인 부흥(?)을 이루었다. 분교의 대부분의 아이들이 우리 교회를 다녔다고 해도 과언이 아니었다.

여하튼 문제는 예배와 설교였다. 딱히 아이들이 갈 곳도, 놀 곳도 없는 터라 교회는 아이들의 놀이터였고, 별다른 놀이가 없는 아이들을 위해 예배를 자주 드리고 있었다. 주일 아침, 주일 오후, 수요일 저녁…… 모두 세 번이 아이들 예배였다. 물론 세 번의 예배 인도와 설교는 모두 내 몫이었다.

아이들에게 처음 설교할 때는 점잖게 시작하였지만 시간이 지나면서 아이들이 집중을 놓치자 아이들을 감동시킬 수 있는 방법을 모두 동원하기 시작하였다. 점점 행동과 표현 모션이 커지기 시작하였고, TV 코미디언, 개그맨들의 유행어와 몸짓들은 매우 중요한 설교 표현의 수단이 되었다.

뿐만 아니라 아이들을 설득하고 감동시킬 수 있는 모든 종류의 방법들, 인형, 손동작, 노래, 개그, 성대모사등은 기본적인 설교 도구들이었다. 그렇게 2년 넘게 설교를 해야 했다. 그리고 서울로 돌아왔을 때 나는 어떤 상황에서도 아이들을 설득하며 설교할 수 있는 설교자가 되어 있었다. 지금도 마찬가지이지만 당시로는 턱없이 부족하였던 어린이 부흥사로도 활동하였다.

이상한 곳으로 이야기가 흐르긴 하였지만 원래부터 내가 어린이 부흥사이거나 그들과 커뮤니케이션이 잘 되는 목회자가 아니었다. 2년 동안 아이들과 함께 놀고, 그 아이들을 이해하기 위하여 아이들의 문화를 공부하고, 아이들의 언어와 삶의 현장을 경험하고 배운 것이 주효한 것이었다.

미아동 교회에서 주일날 아침 시작은 중고등부 예배 설교이지만 이어서 유치부 설교를 시작하고, 끝난 후에는 유년부 설교와 초등부 설교로 이어졌다. 자화자찬일지 모르지만 언제나 적절하고 의사소통이 잘되는 설교였다고 생각한다. 아이들은 내 설교에 집중하였고 좋아하였다.

사실 아이들 설교나 분반공부에 실패하는 가장 큰 이유는 아이들의 언어로 말하지 않고 자신의 언어로 말하기 때문이다. 어른들이 쓰는 언어와 세계관으로 아이들을 만나기 때문에 대화와 교육의 단절을 가져오는 것이다.

> 아이들 설교나 분반공부에 실패하는 가장 큰 이유는 아이들의 언어로 말하지 않고 자신의 언어로 말하기 때문이다.

생각해보자. 만일 초등학교 5학년 담임을 맡고 있다고 가정해보자. 우선 초등학교 5학년 담임하고 있는 교사로 얼마나 노력을 기울였는지 생각해보자. 다음의 질문들에 솔직히 대답해보라.

1. 초등학교 5학년 교과서를 읽어본 적이 있는가? 무슨 과목을 배우고 있는지 과목들의 이름이라도 알고 있는가?
2. 교과서를 읽어본 적이 있다면 우리 아이들이 주일날 예배당 오기전 주간에 공부했던 교과서의 내용은 무엇이고 어떤 것 때문에 힘들었을지 이해가 되어 있는가?
3. 내 반 아이들이 좋아하는 영화나 만화 주인공은 누구인지 아는가? 지금도 빠지지 않고 보고 있는 TV 프로그램

은 무엇인가?
4. 아이들이 요즈음 어떤 게임에 푹 빠져 있고, 어떤 만화 때문에 잠을 설치고 있는지 알고 있는가?
5. 좋아하는 가수는 누구이고, 어떤 노래를 즐겨 부르는지 알고 있는가?
6. 아이들의 이같은 관심사를 매개로 설교나 분반공부를 할 때 사용한 적이 있는가?

우리는 너무나 아이들을 배려하지 않는다. 더욱이 아이들의 문화와 삶을 이해하지 못하고 있다. 앞의 질문에 몇 명의 교사가 정확하게 답을 말할 수 있었을까? 대부분의 교사가 대답을 하지 못할 것이다.

사실 아이들을 이해하고 그 문화속에 함께 있는 것 만으로도 교육은 성공할 수 있다. 이런 단편 TV 드라마를 본 적이 있다.

고등학교 1학년 딸을 둔 아빠가 있었다. 딸이 어렸을 때는 아빠의 등에 올라타서 매일 놀던 딸이었다. 누군가가 이담에 커서 누구하고 결혼할래라고 물으면 영락없이 "우리 아빠!"라고 대답했던 딸이었다. 엄마가 "그러면 안돼. 아빠는 엄마하고 결혼했는 걸"하고 말하면 큰 소리로 울면서 "나 아빠하고 결혼할거야!"라고 떼를 쓰던 딸이었다.

그런데 어느 때부터인가 아빠의 회사 일이 바빠지고 딸은 사춘기를 지나 학교 공부가 많아지면서 서로 만날 기회도 없어지고 일주일에 한 두 번 식탁을 같이 대할 정도로 시간이 맞지 않았다. 그래서 가끔 식탁에 앉으면 멀쑥한 아빠는 물어볼 말이 없어서 "공부는 잘하니?" "이번에는 몇 등했어?"라고 하는 것이 전부다. 아빠가 하고 싶은 말이 아니었다. 그러면 식탁자리가 썰렁해지고, 딸은 아빠가 싫어졌다. 예전의 아빠가 아니다.

비가 부슬부슬 오는 어느날 모처럼 아빠는 시간의 여유가 있었다. 그래서 오늘은 딸을 학교에도 데려다주고 저녁에는 둘이서 데이트도 할 생각을 하였다.

"하영, 오늘 저녁 시간이 어때?"

딸은 퉁명스럽게 대답하였다.

"왜요?"

"아니, 아빠하고 데이트나……."

아빠가 말을 다 끝내지도 않았는데 딸은 관심도 보이지 않고 소리친다.

"엄마 내 도시락 챙겼어?"

아빠는 마음이 상했지만 아무 말도 하지 못하였다. 저녁 계획은 그냥 포기하고 학교나 데려다 줘야겠다는 생각만하였다.

"오늘 비도 오는데 아빠가 학교까지 데워다줄게"

딸은 아빠의 얘기에 별로 기쁘지 않은 모습으로 대답하였다.

"됐어! 혼자 가면 돼!"

그 모습을 보고 있던 엄마가 딸을 혼내었다.

"얘 봐라! 너 아빠한테 그게 무슨 말버릇이야! 아빠가 시간을 내서 태워주시겠다면 '감사합니다' 해야지"

딸은 마지못해 "감사하다"고 말을 하였다. 아빠는 우울한 마음으로 딸에게 자동차 키를 건네주면서 먼저 차에 타면 곧 내려가겠다고 말을 하였다. 딸은 별로 신나는 분위기가 아니었다. 그렇게 차를 타자마자 딸은 라디오를 틀었다. 그리고 잠시 후 아빠가 내려왔다. 운전할려고 차에 타는 순간 갑자기 딸이 매우 밝은 모습으로 아빠에게 말하기 시작하였다.

"아빠!"
"으응"
"사실 오늘 저녁 나 시간 괜찮거든…… 아까 데이트하자고 그랬지? 어디로 갈까? 아빠 회사로 갈까? 참 뭘 먹지? 어딜 갈까?"

지금 눈 앞에 있는 딸은 옛날 아빠와 결혼하겠다던, 아빠만 사랑한다고 말하던 그 딸이었다. 그 딸로 돌아왔다. 아빠는 당황스러웠지만 기쁜 표정을 지었다. 그리고 드라마는 전체 앵글을 넓게 잡으면서 엔딩 자막이 떠 올랐다.

도대체 무슨 일이 있었던 것일까? 딸은 무엇 때문에 그렇게 변한 것일까? 설명하지 않은 장면중에 이런 내용이 있다. 입이 뾰료통해져서 내려온 딸이 라디오를 틀었을 때 그곳에서 흘러나오는 음악은 자신이 제일 좋아하는 김건모의 "핑계"였다. 그 순간 딸의 얼굴에 미소가 흘렀다. 단지 그 음악 때문만이 아니었다. 카세트 데크에 넣어있는 테이프에서 나오는 음악이었기 때문이었다. 아빠도 자신이 좋아하는 김건모의 테이프를 듣고 있었던 것이었다. 자신의 방에 온통 도배되어있는 김건모 브로마이드 사진을 보면서 아버지도 김건모를 좋아하기로 한 것을 딸이 눈치챘던 것이다. 나를 이해하고 있는 아빠를 그 테이프를 들으면서 알았던 것이다.

문화를 아는 것, 그들을 이해하는 것은 이런 것이다. 아무 이유없이 내가 좋아하는 가수를 좋아하는 아이를 만나면

금방 친구가 되고 언니 동생이 된다. 내가 사랑하는 사람을 너도 사랑하고 있다는 것에서 깊은 동질감과 하나됨을 느끼게 되기 때문이다.

그런데 우리는 너무 우리 아이들과 동떨어져 있다. 우리 아이들의 문화를 이해하기는 커녕 쓸데없는 것처럼 여기고 무시한다. 그래서 우리의 교육이 힘든 것이다.

주님이 말씀하시는 교사십계명

"너희 안에 이 마음을 품으라 곧 그리스도 예수의 마음이니 그는 근본 하나님의 본체시나 하나님과 동등됨을 취할 것으로 여기지 아니하시고 오히려 자기를 비어 종의 형체를 가져 사람들과 같이 되었고 사람의 모양으로 나타나셨으매 자기를 낮추시고 죽기까지 복종하셨으니 곧 십자가에 죽으심이라"(빌 2:5-8)

하나님과 동일하신 예수님께서 인간, 그것도 종의 모습으로 오셨다는 것은 충격적인 일이 아닐 수 없다. 왜 그렇게 하신 것일까? 사실 하늘 문을 여시고 우리를 향한 구원을 얼마든지 선포하실 수도 있으셨다. 그런데 주님은 그 방법을 택하지 않으시고 그냥 우리 인간이 되신 것이다. 참 기막힌 일이 아닐 수 없다. 그것 때문에 오랜 날동안 고민했었다.

쇠렌 키에르케고르가 쓴 "철학적 단편"이란 책에 이런 내용이 나온다. 한 꽃집 처녀에게 푹 빠져버린 왕이 있었다. 그런 모습을 본 주변 신하들은 고민할 필요가 없다고, 당장 왕비로 간택하면 된다고 얘기하였지만 왕은 이상하게도 계속 고민을 하였다. 도대체 무슨 고민이었을까? 왕의 고민 중 핵심은 "사랑의 진정성"에 관한 것이었다. 분명 그 처녀는 왕의 요청을 받아들이겠지만 혹여라도 그 처녀가 생각하길 자신이 왕비가 된 것은 왕이란 권력 때문이라고 생각할까봐 왕은 걱정한 것이었다. 왕이 아무리 100% 사랑으로 청혼한 것이라고 말하더라도 믿지 못할지도 모른다는 것을 왕은 걱정한 것이었다. 왕은 그녀에게 100% 사랑을 말하고 싶었다. 그러던 어느날 왕이 나라에서 사라졌다. 왕궁을 떠난 것이다. 평범한 청년으로 그 처녀에게 구혼하러 간 것이다. 참 이해할 수 없는 어려운 이야기이다. 그렇게 왕은 평민으로 살다가 죽었다. 그런 남편이 죽고 난 후에야 부인은 자신의 남편이 왕이었다는 사실을 알게 되었다고 가정해보자. 다른 것은 몰라도 그녀는 남편의 사랑이 100% 순수하고 아름다운 것을 알았을 것이다.

하나님은 얼마든지 일방적으로 우리를 용서하고 구원할 수 있다. 하지만 인간의 자유의지, 자발성, 인격……, 이런 것들은 배려되지 못할 것이다. 하나님은 그것을 고민한 것이다. 그래서 인간이 되셨다. 어려운 이야기지만 그렇다. 그래서 앞의 이야기처럼 예수가 하나님되심을 아는 순간 우리는 견딜 수 없게 감격하는 것이다. 사랑의 깊이와 진정성 때문에 말이다. 주님은 우리를 이해하시기 때문에 그럴 수 밖에 없었다.

주님은 이렇게 말씀하신다. "아이들의 문화를 공부하고 이해하고 그 아이들을 호흡하라" 주님이 그렇게 사시고 죽으셨으니까 말이다.

> 주님은 이렇게 말씀하신다. "아이들의 문화를 공부하고 이해하고 그 아이들을 호흡하라"

내 삶에 적용된 교사십계명

우리는 우리가 사는 문화로, 그 문화 양식으로 아이들을 가르친다. 그래서 아이들이 재미없는 것이다. 그런데 아이들의 문화를 이해하는 행동을 전혀 하지 않는다. 그래서 우리 가르침이 실패하는 것이다.

1. 아이들이 좋아하는 영화나 만화, 게임을 같이 하거나 본 적이 있는가? 한번 같이 보는 것은 어떤가?

2. 당장 내가 맡고 있는 학년 아이들의 교과서를 구입하고 아이들이 무엇을 공부하는지를 살펴보라. 가능하면 교회학교 측에다 요청해서 자료로 비치하라.

3. 우리 아이들이 좋아하는 만화, 영화 가수, 배우, 노래, 게임…… 등이 무엇인지 알아보고 직접 경험해보라.

4. 분반공부 시작을 지금 아이들이 제일 좋아하는 가수의 노래의 첫 소절을 부르는 것으로 시작해보는 것은 어떤가?

찾을 때까지 찾으시는 주님처럼
아이들을 반드시 살려라

부임해 온지 두 달 쯤이 지난 첫 해 여름이 되었다. 나름대로 아이들과 교사들의 기대와 지지를 받고 있었지만 대다수가 나를 동의하는 것은 아니었다. 의심의 눈초리로 쳐다보고 있는 사람들이 있었다. 드디어 중고등부 여름수련회를 준비하면서 그 일이 벌어졌다.

예전 전도사 시절에 학생수련회 프로그램은 언제나 전도사와 교사들의 몫이었다. 그런데 이곳에서는 어찌된 일인지 학생들이 중심이 되어서 프로그램을 계획한다는 것이다. 기대반 의심반으로 기다리던 나에게 가지고 온 수련회 프로그램은 그야말로 놀자판이었다. 고작 있는 신앙적인 순서는 새벽기도회와 저녁집회 밖에 없었다. 그리고 교육목사인 나에게 요청하는 것도 그 두 시간대의 설교외에는 없었다. 그 외에는 가만히 있으라는 것이었다. 어이가 없었다. 그런데 더 기막힌 것은 교사들의 태도였다. 청년교사들보다 나이가 있는 집사, 권사 교사들은 아이들을 지지하였다.

"아이들이 공부하느라고 얼마나 힘들었겠어요. 수련회 기간 때만이라도 잘 먹이고 실컷 놀게 해야하지 않겠어요"
"그냥 목사님은 가만히 계시면 늘 해오던 데로 아이들이 잘 준비하니까 걱정마세요"
"우린 그냥 먹을 것만 잘 준비하면 되요"

이해되지 않는 것은 아니다. 수련회라는 것이 잘 먹이고 쉬게 하는 것에도 목적은 있다. 하지만 신앙수련회인데, 신앙적인 결단을 하고 주님을 만나는 경험을 하도록 도와야 하는 것도 당연하지 않은가?
그렇다고 아이들이 공부를 잘 하는 아이들인가? 죄송하지만 그렇지도 않았다. 실제로 공부 잘하는 아이들은 보충수업이니 과외니 해서 수련회에 참석하지 않는 것이 일반이었다. 심지어 교회 임원들 중에서도 공부하는 애를 둔 부모들은 수련회에 애들을 보내지 않았다.

나는 아이들의 생각대로 수련회를 진행시킬 수는 없었다. 그렇다고 지금 아이들의 계획을 내 마음대로 고칠 수도 없었다. 어쨌든 무슨 계획을 세워야 했다. 어떻게 할까?

고등학교 시절 나는 날나리였다. 공부는 학교 300여명 중에 300등 밖을 맴돌았다. 그렇다고 나쁜 짓을 하고 돌아다닌 것은 아니었지만 일찍 홀로된 어머니와 함께 살면서 가난하고 힘든 집안 환경은 반항적으로 나를 만들어버린 것이다. 특히 병원 옥탑방에서 살고 있었던 나에게 바로 아래층 원장 댁에는 내 또래의 아이들이 살고 있었다. 이상하게 난 그들과 나를 비교하였다. 그리고 늘 그들과 비교할 때마다 비참한 상대적 빈곤감을 느끼던 터라 내 안의 불만은 극한 상황을 달리고 있었다. 불쌍한 어머니 때문에 겉으로는 표현할 수 없었지만 아무에게도 말할 수 없는 고민들과 죽고 싶은 마음이 내 마음 깊은 곳에 자리잡고 있었다.

교회는 친구따라 중학교 2학년때부터 다니고 있었지만 그저 아이들과 형 누나들과 어울리는 것이 좋아서 다녔을 뿐이었다. 특히 중학교 2학년 때 같은 중고등부에 있던 한 여학생을 좋아한 것이 오랫동안 교회를 다니던 주된 요인이기도 했다. 고등학교 들어가면서 내가 극단적 방황으로 갈 상황들이 교회를 통해서 일정부분 해소되었다. 그러던 고2 여름 마산 임마누엘기도원에서 있었던 연합수련회에서 주님을 경험하고 목사가 되겠다는 결단을 얼떨결에(?) 하게 된다.

수련회는 서울, 부산, 군산 그리고 내가 다니고 있던 제주 회복교회에서 온 네 개 교회 연합집회였다. 인원은 100여명 쯤 모였다. 그 수련회 마지막 날이었다. 집회를 인도하던 목사님은 참석한 아이들에게 결단을 요청하였다.

"오늘 이 저녁에 여러분에게 요청합니다. 주의 종이 되길 원하는 사람들은 눈을 감은 채로 손을 드시기 바랍니다."

목사님의 초청은 한번으로 끝나지 않았다. 여러번 반복되었다.

"결단하십시오. 두려워하지 마십시오. 주님의 부르심에 응답하시기 바랍니다."

대충 그런 얘기들이었다. 그냥 한 두번 초청하면 되지 왜 반복하실까 약간은 짜증이 나는 상황이었다.

"도대체 몇 명이나 손을 들었길래 목사님이 저렇게 말씀하시지?"

살짝 눈을 떴다. 그때 공교롭게 목사님과 눈이 마주쳤다. 목사님이 나를 보고 계셨다는 생각이 들었다. 이내 당황한 내가 무슨 죄를 지은 것처럼 재빨리 눈을 감았지만 내 시야에는 손을 든 친구들이 누구인지 잔상처럼 아른거렸다. 분명히 세 명이 손을 들고 있었다. 순간 내 뒤통수를 치는 것은 그 세 사람이 모두 각 교회 학생회 회장들이었다. 그제서야 목사님이 나를 쳐다보고 계신 이유를 대충 알 수 있었다. 목사님은 최소한 각 교회 회장 네 명은 손을 들 것이라고 기대한 것임에 틀림이 없었다.(물론 나의 착각인지도 모른다) 그런데 내가 바로 우리 교회 중고등부 회장이었다. 회장이라고 하니까 무슨 대단한 믿음이 있었던 것으로 오해할 사람들을 위하여 한마디 하면 그 당시 우리 교회 고등부 2학년 남자는 나 뿐이었다. 말이 회장이지 어쩔 수 없는 결과였다.

여하튼 그때 왜 그런 생각을 했는지 모르지만 손을 들어야 할 것 같은 부담감에 사로잡혔다. 내가 손을 들지 않으면 집회가 끝날 것 같지 않았다. 그래서 손을 들었다. 우연의 일치인지 모르지만 목사님은 그제서야 초청을 멈췄다.

집회가 끝나고 난 뒤 상황은 이상하게 흐르기 시작하였다. 우리 교회 아이들이 놀란 것은 두말할 것도 없었고 누구보다도 기대에 찬 모습으로 다가온 분은 우리 교회 목사님, 박태린 목사님이었다. 정말 잊을 수 없는 분이시다.

"정완아, 장하다. 고맙다. 착하다."

연신 목사님은 그 말씀만 반복하시면서 나를 끌어 안으셨다. 그럴만도 한 것이 교회를 개척하신 후 주의 종이 되겠다고 가시적으로 결정한 사람은 내가 최초였으니까 그랬을 것이라고 생각한다. 나를 바라보는 사람들의 눈빛도 달라졌다. 이미 목사님이 된 것 같은 시각으로 쳐다보는 것이었다.(참고로 그당시 손을 들었던 각 교회 회장들 중에서 나를 포함해서 세 명이 목사가 되었다. 나머지 한명은 어떻게 되었는지 확인하지 못해서 모르는 것뿐이다.)

이내 난 심각한 상황임을 깨달았다. 그 심각한 상황은 나를 자발적으로 기도하게 만들었고, 집회가 끝난 그 밤에 무학산 꼭대기에 있는 주기철 목사님이 기도하셨다던 바위 위에 엎드려 통곡하면서 주의 종이 되겠다고 제대로 결단했다. 그 해 여름 수련회는 나의 인생 전체를 바꾸어놓은 매우 중요한 시간이었던 것이다.

....

수련회는 강원도에 있는 송동분교를 빌려서 진행되었다. 큰 군용 천막을 쳐놓고 그 안에서 주 집회를 하였다, 100여 명이 넘는 아이들이 모인 집회였는데, 장소는 비좁았고 모기가 기승을 부려서 집회하기에는 불편한 장소였다. 첫날 저녁 시간, 찬송이 시작되었다. 찬송 인도는 당시 신학대학 1학년이었던 한 신학생이 인도하였다. 교탁을 강대상으로 삼아 찬송을 부르기 시작하였는데 아이들의 반응은 냉냉하였다.

그럴수록 그 신학생의 소리는 커지기 시작하였고 더 힘차게 교탁을 내려치면서 장단을 맞추었다. 하지만 아이들은 반응이 없었다.

"주여 세 번 외치고 통성으로 기도하겠습니다!"

기도를 요청했지만 아이들은 진지하지 않았다. 일부 아이들은 "주여" 대신 "죽여!"라고 장난치듯 외쳤다. 그럴만도 했다. 당시 우리 학생회 중에는 정학, 휴학등으로 몇 해를 학교 더 다닌 나이 많은 고등학생들도 몇 있었고, 대충 그 아이들은 학교 짱이거나 논다하는 아이들이었다. 그러니 이제갓 신학교에 입학한 자기보다 나이가 어린 그 친구의 요청에 순순히 반응할리도 없었고, 요식행위로 예배를 드리려하는데 무슨 부흥회를 하려는 것 같으니 더욱 심기가 불편했던 것이었다. 하지만 그런 상황을 알 턱이 없는 그 신학생의 분노가 드디어 폭발하였다. 찬송 인도하며 내려쳤던 교탁이 부서지고 만 것이었다. 그 저녁 집회는 순조롭지가 않았다. 썰렁한 분위기 때문에 아이들은 수군거리기 시작하였다.

할 수 없이 나는 예정보다 일찍 말씀을 전해야 했다. 이

난감한 상황을 어떻게 수습할까 참 고민스러웠다. 나는 그저 솔직하게 나의 힘들고 답답했던 어린 시절, 중고등학교 시절을 얘기했다. 어머니 아버지의 오랜 별거, 다시 결합했지만 늘 심했던 술중독자 아버지의 폭력, 중2 되던 해의 아버지의 급작스러운 39살의 죽음, 학교에서 공부 꼴지인 이야기, 비참한 삶의 환경 등 그런 얘기였다. 아이들은 나의 솔직한 인생 이야기에 관심을 갖기 시작했다. 상당수가 동감하기 시작하였다. 사실 교회가 위치했던 길음시장이란 곳이 가난하고 힘든 사람들이 여전히 살고 있었던 곳이었고, 아이들 역시 그런 삶을 피부로 느끼고 살아온 상황이었다. 그래서 그런 것인지 그들은 내 이야기로 빠져 들어왔다. 드디어 복음을 제시하였다.

"내 인생을 바꾸신 분은 주님이십니다. 만일 고2때 주님이 나를 만나주시지 않았다면 나는 벌써 우리 아버지처럼 술망나니가 되었든지 아니면 벌써 죽었을지도 모릅니다. 예수님이 나를 살리셨습니다."

더 이상 어떤 말씀도 더 전할 필요가 없었다. 바로 나는 아이들을 주님께로 초청하였다.

"이 시간 인생을 바꾸고 싶은 사람, 미래가 불투명해서 두려운 사람, 누구든지 괜찮습니다. 죄를 많이 지었어요? 괜찮습니다. 주님이 모두 다 받아들이십니다. 예수님을 나의 주로 영접할 친구들은 손을 드십시오."

아이들은 여기저기서 손을 들기 시작하였다. 나는 소리를 내어 기도할 것을 요청하였다. 여전히 못마땅했던 아이들 서너명은 그 자리를 떠났지만 나는 멈출 수가 없었다. 나는 한 명씩 끌어안고 울부짖음으로 안수 기도를 하기 시작하였다. 그렇게 기도받은 아이들 5~6명이 모아지면 거기에 있던 교사, 집사, 권사님들에게 보내서 계속 기도하도록 독려하였다. 모두를 끌어 안고 기도하는 바람에 그 집회는 새벽 2시 정도가 돼서야 끝났다. 내 목소리는 이미 쉬었고 더 이상 목소리가 들리지 않았지만 울부짖었다. 그것이 미아동 교회에서의 첫 번째 성령이 역사하신 집회였다.
원래 저녁 프로그램은 7시~9시까지 찬양과 예배였고, 그 이후 9시부터는 모닥불을 피워 놓고 쌍쌍파티를 하기로 되어있었지만 저녁집회가 무한정 진행되는 바람에 쌍쌍파티는 자동적으로 취소되었고 모닥불 주변은 서로 기도하고 간증하는 자리가 되고 말았다. 밤이 늦도록 은혜의 시간이 진행되었던 것이다.

우리 아이들에게 줄 수 있는 가장 좋은 것은 무엇일까? 좋은 시설, 음식, 오락, 쉼……, 물론 그런 것도 필요하다. 하지만 교회가 줄 수 있고 반드시 줘야 하는 가장 중요한 것은 예수를 만나도록 돕는 일이라고 생각한다. 그런 관점에서 짧은 기간이지만 집중할 수 있는 수련회는 정말 좋은 기회가 아닐 수 없다.

> 교회가 줄 수 있고 반드시 줘야 하는 가장 중요한 것은 예수를 만나도록 돕는 일이다.

지금 우리 교회의 수련회는 매우 단순하다. 대부분이 집회 시간이다. 기도하고 영성훈련하고 말씀과 찬양이 주 프로그램의 내용이다. 처음 프로그램을 보면 적지 않게 실망하지만 수련회가 끝난 후에는 가장 좋았던 시간이라고 답한다. 왜냐하면 주님을 만나는 일이 세상에서 가장 아름답고 신나는 일이기 때문이다.

아이들이 주님을 만날 수 있도록 돕는 일에 모든 교회 프로그램, 예배, 분반공부, 수련회는 기획되어야 할 것이다. 특별히 수련회는 그렇다. 어떤 댓가를 지불해서라도 최고의 강사를 모셔오고, 최고의 CCM 가수들을 데려오고, 좋은 시설에서 진행할 필요가 있다. 그렇게 해서 주님을 만날 수 있다면 그것은 가장 아름다운 투자이고, 선교사를 파송하고 교회를 세우는 것 못지 않은 아름다운 사역일 것이다. 그곳에서 빌리 그래함, 아펜젤러, 무디, 유관순, 전덕기, 조용기, 홍정길목사 같은 영적 지도자들이 나올 것이기 때문이다. 주님을 만나도록 도우라 그리고 아이들을 반드시 살려라! 이것이 교회학교의 존재 이유임을 잊어서는 안될 것이다.

주님이 말씀하시는 교사십계명

"너희 중에 어느 사람이 양 일백 마리가 있는데 그 중에 하나를 잃으면 아흔 아홉 마리를 들에 두고 그 잃은 것을 찾도록 찾아 다니지 아니하느냐 또 찾은즉 즐거워 어깨에 메고 집에 와서 그 벗과 이웃을 불러 모으고 말하되 나와 함께 즐기자 나의 잃은 양을 찾았노라 하리라"(눅15:4-6)

한 목자가 양 100마리를 치고 있었다. 그 당시 목자들은 초장을 찾아 며칠 몇날을 이동하면서 양을 치고 있었는데, 양 한 마리가 없어진 것이 발견되었다. 그러자 그 목자는 누구에게 돌봐달라고 부탁할 수 없는 들판에서 아흔 아홉마리 양을 두고 한 마리를 찾아 나섰다고 성경은 기록하고 있다. 좀 비경제적이고 어리석어보이는 행동을 목자는 한 것이다. 그렇다면 목자는 왜 이같은 태도를 보인 것일까? 두말할 것도 없이 급했기 때문일 것이다. 지금 당장 구하지 않으면 잃은 양은 죽을지도 모르는 상황을 알았기 때문이었을 것이다. 위급하였다. 그것이 이유였다. 하지만 목자의 행동은 매우 처절하였음을 성경을 보면 잘 알 수 있다.

"그 중에 하나를 잃으면 아흔 아홉마리를 들에 두고 그 잃은 것을 찾도록 찾아 다니지 아니하느냐"(눅 15:4) NIV로 읽어 보면 "go after the lost sheep until he finds it."라고 번역하고 있는데, 즉 찾을 때까지 찾아 다닌다! 찾고 나서야 찾는 것을 멈춘다는 뜻이다.

사실 99마리 양을 들에 두고 한 마리를 찾을 때까지 다니는 것은 무모한 행위임에 틀림이 없다. 그럼에도 예수님이 이 이야기를 하신 것은 사랑의 무모함을 말하고 싶어했음에

> 자신에게 맡겨진 영혼을
> 한 사람도 놓칠 수 없다!
> 찾을 때까지 찾으라!
> 반드시 살려내라!

틀림이 없다. 자신에게 맡겨진 영혼을 한 사람도 놓칠 수 없다는 절박함을 말하려고 하신 것이다.

교사가 된 우리들에게도 동일하게 말씀하실 것이다. "찾을 때까지 찾으라! 반드시 살려내라!"

내 삶에 적용된 교사십계명

반드시 아이들에게 복음을 전해야 한다. 구원의 확신을 가질 수 있도록 최선을 다해야 한다. 아니, 반드시 해야 한다. 반드시 살려야 한다. 그런 점에서 수련회는 매우 중요한 기회가 아닐 수 없다. 자, 점검해보자.

1. 우리 교회 수련회는 어떠한가? 지난 수련회 프로그램을 점검하고 올해 수련회는 어떻게 기획할 것인지 지금부터 준비해보자

2. 강사는? 장소는? 영성훈련은?…… 구체적으로 준비하고 주님을 우리 아이들이 만나도록 돕는데 우선적인 목표를 세우자.

3. 우리 분반공부와 예배는 어떠한가? 설교자와 교사는 어느 정도 열심히 가르침을 준비하고 있는가? 가르치기 전 충분히 기도는 하였는가? 영적 전쟁이라는 것을 믿는다면 기도 준비는 당연하지 않은가?

4. 교사의 관심사는 아이들의 영혼과 영적 성숙인가? 아니면 학교 공부, 성적등 세상적인 관심과 동일한가?

사랑 자체이신 주님처럼
죽도록 사랑하라

　교회학교가 하루가 다르게 부흥해갔지만 늘 아쉬운 점도 많이 있었다. 그 중에 하나가 시설과 환경이었다. 오래전에 지은 2층 건물이 교육관이었는데 난방이 제대로 되지 않고 있었다. 어린이 예배실에 있는 난방기는 제대로 힘을 발휘하지 못하고 있었고. 분반 교실에는 연기가 심하게 나는 석유난로들이 놓여 있었다. 더욱이 단열이 제대로 되어있지 않아서 겨울에는 왕바람이 창문 틈새로 들어왔다. 여름은 더 큰 문제였다. 에어컨은 있지 않았고, 2층이어서 방마다 선풍기가 있었지만 더위를 감당하기에는 무리였다. 그렇게 겨울과 여름을 지내고 있었다.

부임한지 한 두해가 지나 여름이 다가왔을 때 교회는 건물에 냉난방 시설을 다시 하기로 결정하였다. 본 예배당에는 에어컨과 새 난방기가 설치되었다. 소리도 나지 않고 참 냉방과 난방이 잘 되었다. 하지만 난 몹시 마음이 상해 있었다. 이미 이전 기획위원회에서 강력하게 교육관 냉난방을 건의했던 것이 거절되고 어른들이 이용하는 본 예배당에만 냉난방 시설을 하기로 결정하였기 때문이었다.

더욱 속상했던 것은 교육관 예배실로 본 예배당에서 쓰던 난방기를 이전 설치했던 것 때문이었다. 별 생각없이 따뜻하게 지낼 수 있을 것이라는 생각에 설치하였는데 그 난방기가 문제였다. 큰 예배당에서 사용할 수 있는 용량의 난방기를 작은 예배당에 옮겨놓았으니 시끄러운 소리가 보통이 아니었다. 급기야 설교 시간에는 난방기를 꺼야하는 상황까지 벌어지고 말았다.

이럴 수는 없다는 생각이 들었다. 교회학교 각 부장들이 모인 자리에서 난 도발적인 제안을 하였다.

"이런 시설에서 아이들에게 사랑을 말할 수 없습니다. 무슨 대책을 세워야 하겠습니다."

한 부장 선생이 물었다.

"이미 기획위원회에서는 교육관 시설을 위해 예산을 쓸 수 없다고 하는데 무슨 뾰족한 수라도 있으십니까?"
"물론 교회 예산을 받아내는 것은 힘들다는 것을 압니다. 그래서 말입니다."

모두는 나의 입에서 무슨 말이 나올까 기대하는 눈치였다.

"제 한달치 월급을 내겠습니다. 부장님들도 그렇게 하십시오. 그리고 가능하면 모든 교사들에게도 같이 참여해 달라고 권면해주십시오."

놀랍게도 한 사람도 반대하는 사람이 없었다. 모두 흔쾌히 하겠다고 반응을 보였다.

"목사님 우리 바자회도 하죠!"
"좋은 의견이네요. 교육관 새단장을 위한 바자회…… 뭐 이런 이름을 붙이면 좋겠네요"

원래 내 마음에 있던 계획은 예배실에 에어컨과 난방기를 설치하는 것 정도로 마무리할려고 했었다. 하지만 일은 점점 더 커지기 시작했다. 교회 일부 중직들은 우리의 행동을 못마땅하게 여기는 눈치였지만 반대할 명분이 없었다. 우리의 계획은 더욱 탄력을 받아갔고 참여자의 숫자도, 모금액도 점점 늘어갔다.

"교육관 새단장을 하는 김에 싹 뜯어고치는 것이 어때요?"

교회학교 교감선생님이 제안하였다. 못할 것도 없었다. 목수로 돕겠다는 교인도 나타났고, 공사가 시작되면 휴가를 내서라도 참여하겠다는 교사들도 나타났다. 드디어 우리는 교육관 새단장에서 교육관 보수공사로 더 확장되었다.

교육관 예배당 공사하던 날 아침 일찍부터 교사들과 돕는 교인들이 나타났다. 우선 시작은 예배당 천장 단열공사부터 시작하였고, 교육관의 모든 창문들을 이중창으로 바꾸었다. 며칠에 걸쳐서 진행되는 공사에는 아이들이 신기한 눈으로 와서 쳐다보곤 하였다. 단열 공사와 이중창 공사가 끝나자 모든 교사들과 함께 했던 칠 공사까지 교육관은 정말 새로운 모습으로 탈바꿈하였다. 그리고 예배당에는 입식 에어콘 두 개를 설치하였다. 소리가 나지 않도록 하기 위함이었고, 난방은 도시가스가 들어오는 관계로 벽에 가스난로를 모든 방마다 부착하는 것으로 하였다. 늘 난방기 소리 때문에 속상했던 우리들의 한을 푸는 공사였다.

 공사가 다 끝난 후 제일 먼저 예배당 이름을 만들어 붙였다. 나팔꽃 사진을 담은 액자 밑에 예배당 이름을 "나팔꽃 예배당"이라고 써 붙였다. 나팔꽃의 꽃말인 "아침의 영광(morning glory)"처럼 하나님의 아름다운 꽃같은 사람들이 되어 달라는 우리들의 기도였다. 그리고 모든 분반공부 교실마다 사진과 함께 이름을 붙여주었다. "장미꽃 교실" "해바라기 교실" "국화꽃 교실"……

 우리가 아이들에게 사랑한다는 말을 진하게 하지 않았지만 아이들은 우리가 얼마나 자신들을 사랑하는지 아는 눈치였다.

"이거 선생님들이 돈내서 만들었어요?"

"너무 좋아요. 너무 시원해요"

"정말 소리가 안나네"

"냄새가 하나도 안나요. 따뜻해요"

> 우리는 무슨 특별한 교육을 할 필요가 없다. 사랑하자. 사랑하자. 말할 필요도 없었다. 사랑을 보여주면 된다.

우리는 무슨 특별한 교육을 할 필요가 없었다. 사랑하자. 사랑하자. 말할 필요도 없었다. 우리가 보여준 것들이 사랑을 말하는 것이었기 때문이었다.

그렇게 아이들은 우리의 사랑을 먹고 즐거워했다.

사랑없이 아이들을 가르치는 것은 불가능한 일이다. 그런데 어느 순간부터인가 우리의 교육에는 사랑이 사라지고 말았다. 단순히 지식을 전달하는 교회학교, 교사만 존재하는 느낌이 드는 것이 사실이다. 사실 성경을 암송하는 것, 성경지식을 많이 아는 것이 중요하지 않다.

많은 교인들에게 물어보았다.

"어렸을 때 교회학교 시절 배웠던 말씀이 생각나세요?"

모두가 한결같이 생각나지 않는다고 대답한다.

"그때 배웠던 말씀이 여러분들을 변화시키셨나요?"

물론 이 물음에 잘 모르겠다고 대답한다. "그럼 무엇이 오늘의 여러분을 있게 하였죠? 무엇이 기억나세요?"라고 물으면 거의 대부분이 이렇게 대답한다.

"선생님요. 저를 이해하고 사랑해주셨던 선생님이 기억나요"
"저의 집은 참 가난했는데…… 늘 자신의 집으로 불러서 라면도 끓여 주고 수제비도 끓여 주시던 선생님을 잊을 수 없어요. 그 선생님을 기쁘게 하려고 교회 다녔어요"
"저는 아버지가 일찍 돌아가셔서 참 힘들었는데…… 저에게 아버지처럼 늘 따뜻하게 대해주시던 집사님이 계셨어요. 그 선생님 때문에 교회가 좋았어요"

모두가 한결같이 배운 말씀을 기억하는 것이 아니라 선생님의 사랑, 관심, 격려를 기억하고 있었다. 그리고 그것이 그들의 인생을 유지하고 건강하게 살며 하나님을 떠나지 않게 하는 요인이 되고 있었다.

주님이 말씀하시는 교사십계명

"아버지께서 나를 사랑하신 것 같이 나도 너희를 사랑하였으니 나의 사랑 안에 거하라…… 내 계명은 곧 내가 너희를 사랑한 것 같이 너희도 서로 사랑하라 하는 이것이니라"(요 15:9,12)

예수님이 이 땅에 오시는 순간부터 십자가에서 죽으시기까지 보여주신 것은 사랑이었다. 우리에게 요청하신 것도 사랑이었다. 하지만 주님이 말씀하시는 사랑은 말 뿐인 사랑이 아니라 몸으로 말하는 사랑이었다. 그가 중요시 여긴 것은 어떤 특별한 가르침이 아니라 그저 자신의 삶을 드러내어 본받게 한 것이었다. 사랑을 보여준 것이 핵심이었다.

"내가 너희에게 행한 것 같이 너희도 행하게 하려 하여 본을 보였노라"(요13:15)

이같은 가르침을 정확히 이해한 바울도 같은 방법으로 사람들을 양육하고 돌보았다. 최고의 방법인 것을 알았던 것이다.

"내가 그리스도를 본받는 자 된 것 같이 너희는 나를 본받으라"(고전11:1)

"너희는 내게 배우고 받고 듣고 본 바를 행하라"(빌4:9)

오늘 교육의 문제는 지식의 문제가 아니라 본이 없다는 것일 것이다. 사랑을 말하긴 하지만 동사로서의 사랑이 없다는 것이다. 주님은 우리에게 이렇게 말씀하셨다. 만일 제자라면, 예수를 따르는 사람이라면 사랑해야 되지 않겠는가? 특히 내게 주어진 아이들을 사랑하는 것은 당연하지 않은가?

> 오늘 교육의 문제는 지식의 문제가 아니라 본이 없는 것이다. 사랑을 말하긴 하지만 동사로서의 사랑이 없는 것이다.

내 삶에 적용된 교사십계명

무엇을 특별히 가르치는 방법이나 교육론에 대하여 배우지 못하였을지라도 우리는 좋은 교사가 될 수 있다. 그것은 주님의 본을 따라 몸으로 사랑하고 본을 보이는 것이다. "너는 지식을 가르쳐라. 나는 행동함으로, 삶으로 사랑을 말하겠다." 이것이 우리들이 지녀야 할 가르침의 기본이 아닐까?

1. 나는 어떤 가르침으로 아이들을 만나는가? 성경 지식을 가르치는 것은 의심하지 않는다. 그렇다면 삶은 어떤가?

2. 나의 가르침은 사랑을 말하고 있는가? 엄격한 규율을 말하고 있는가?

3. 나는 아이들에게 본을 보이고 있는가? 아니면 입으로만 가르치고 있는가?

4. 나는 정말 아이들을 사랑한다고 말할 수 있는가?

주님이 기도하신 것처럼
믿음으로 기도하라

　내가 교회학교로 부임한 후 교회학교는 매우 빠르게 성장하였다. 40명 쯤 되던 교사의 수도 100여명에 육박하게 되었고 교사로 자원하고 싶어하는 교인들의 수도 늘어나기 시작하였다. 잘되는 집이었다.

　보통 10월달쯤이 되면 다음 해 년도 교사를 모집하기 위한 계획을 시작한다. 먼저 기존 교사들 상담부터 시작하였다. 대부분의 교사가 계속 교사를 하지만 부득이하게 교사를 그만두어야 하는 경우도 있다. 일단 교사 상담을 통하여 각 반의 상황을 면밀하게 검토하고 분반 여부를 결정하는데, 두 반을 합쳐서 세 반으로 나누는 경우도 있다. 그렇게 교사 상담을 통하여 충원해야 할 교사의 수가 결정이 되면 교사모집을 공고하였다.

한 권사님이 나를 찾아왔다. 자신의 아들을 교사로 시키고 싶은데 괜찮냐고 물어보았다. 우선 외견상 자격은 괜찮아 보였다. 유명 대학을 다니고 있었고, 어머니도 믿음이 좋고 성품이 좋은 권사님이었고 집안도 건강한 집안이었다. 그런데 한 가지 문제는 그 청년이 누구인지를 내가 잘 모르겠다는 것이었다. 물론 교회에 부임한지 첫 1년이 지났지만 아직 교인들을 전부 파악하지 못한 탓도 있을 것이다. 그래서 조심스럽게 물어보았다.

"제가 아드님을 별로 본 적이 없는데 혹시 2부 예배에 나오시나요?"

2부 예배는 1부 중고등부 예배와 3부 대예배 사이에 있는 예배시간이어서 교회학교 예배 때문에 내가 참석하지 못하는 예배였다. 그럴 것이라 생각하고 물어본 것이다.

"아니 그런게 아니고……"

"무슨 말씀이신지……"

"글세 우리 아들 놈이 고등학교 때까지는 교회를 곧잘 다녔는데 지금은 잘 다니지 않아요. 한 달에 한 번 나올까 말까해서……"

"……"

"교사라도 하면 교회에 다니는 취미를 붙일까 해서 교사를 시켜보려고 하는데……"

참 기막힌 이야기였다. 사실 교사는 자신의 신앙을 키우기 위해 하는 사역이 아니다. 이처럼 준비되지 않은 교사들을 받아들이는 무책임한 교회의 태도가 우리 아이들에게 바른 신앙을 심어주지 못하는 역할을 한 것은 주지의 사실이다.

이같은 경우와 달리 정말 교사로 세우고 싶은 사람들도 있다. 교사 공고를 낸 것과 동시에 늘 마음에 두고 있었던 한 여자 집사님에게 교사로 봉사할 것을 부탁하였다. 그녀는 나의 제안에 몇 번이나 거절하였다. 왜냐하면 스스로 나이도 많다고 생각하고 있었고 고등학교 졸업한지 20여년이 지나서 웬지 모자라다고 생각하고 있었고, 믿지 않는 남편까지 신경써야하는 자신의 형편이 마음에 부담이 된듯 하였다 하지만 나의 끈질긴 부탁도 있었지만 몇 번의 기도 후에 교사를 하기로 결정을 하였다. 모든 신입교사에게 그렇게 하듯이 일정기간 교사훈련을 시킨 후에 초등부 교사로 임명하였다. 처음에는 좀 고전하는듯 하였고 교사를 그만두면 안돼냐고 여러번 물어왔다. 그런데 어느날 부터인가 그 집사님이 맡고 있던 반이 급작스럽게 부흥하기 시작하였다. 학기 중반이 지났는데 6명이 모이던 반이 벌써 10여명을 넘었고 연말에 20여명이 모이는 반으로 급성장하였다. 이런 모습은 학기 초에 배정된 인원조차 하나 둘씩 놓치고 있는 일부 교사들과 비교되는 사건이었다. 도대체 무슨 일이 있었던 것일까?

처음에 그 집사님은 매우 힘들어 하던 표정이 역력했었다.

"목사님, 영수 때문에 도무지 공부를 못 가르치겠어요. 이젠 분반공부하러 가는 것이 두려워요. 어떡하면 좋죠"

그도 그럴것이 영수는 우리 교회에서 가장 힘든 아이였

다. 교사 상담을 할 때 5학년 영수가 있는 반만 맡기지 말아달라고 사정했던 교사가 한 두명이 아니었다. 그런 영수가 있는 반을 집사님에게 맡긴 것이었다. 순간 실수한 것 같은 느낌이 들었다.

"그래도 집사님 조금만 더 참아보세요. 기도하시잖아요. 저도 기도로 도울께요. 다시 한번 해봐요"
"그렇죠. 포기하면 안되겠죠? 주님도 그렇게 말씀하시겠죠?"

집사님은 이내 힘을 얻는듯 했다. 사실 그 집사님을 교사로 세운 것은 이같은 긍정적이고 적극적으로 기도하고 대처하는 모습 때문이었다. 하지만 약 두 달정도가 지났을 때 집사님은 거의 자포자기한 상태인 것 같았다. 영수를 위하여 아이스크림도 사줘 보고 떡볶이도 사 줘 보았지만 별로 효과가 없는 듯 싶었다. 내 마음속에는 1학기까지만 하시게 하고 반을 바꿔줘야 하겠다는 생각이 들었다. 그렇게 나도 포기하고 있었다. 그런데 그 반이 바뀐 것이다. 도대체 무슨 일이 있었던 것일까?

"집사님, 반 아이들이 확 바뀌었네요! 무슨 일이 있었어요? 영수도 조용해지고 예배시간에 마냥 떠들었는데…… 웬일이에요?"

그 집사님은 환한 웃음을 지어보였다.

"목사님, 정말 교사가 하기 싫었었어요. 아마 이번 학기까지만 하고 다시는 교사를 하지 않겠다고 결정했을지도 몰랐을 거에요. 그 날 사건만 없었으면 말이에요"
"그 날 사건이라요? 무슨 일인데요?"

집사님의 그 날 사건 이야기를 하는 눈빛에는 정말 행복한 즐거움이 가득 차 있었다.

"아시잖아요. 제가 얼마나 힘들어했었는지……"
"알죠. 제가 잘 알죠"
"그 날도 정말 사명 때문에 교실에 들어섰어요. 그리고 분반공부를 시작하려는데 역시 영수가 장난치기 시작하는거에요. 그런데 그 날은 이상하게 그 아이가 밉지 않고 불쌍하게 느껴졌어요. 나도 모르게 그 아이를 꼭 끌어안았어요. 그리고 기도하기 시작했죠. 아이가 발버둥치건 말건, 주변 아이들이 놀리건 말건 상관없이 기도했어요. 목사님, 아시잖아요. 제가 좀 요란하잖아요. 기도할 때……"

그랬다. 집사님의 기도는 요란했다. 감정이 풍부해서인지 기도할 때 자주 울었고, 덩치가 커서 그런지 목소리도 늘 쩌렁쩌렁했다. 그런 집사님이 영수를 끌어 안고 기도했으니 어떤 일이 벌어졌는지는 충분히 상상할 수 있었다.

"처음에는 내 품에 잡혔는데도 불구하고 영수가 웃으면서 장난치더라구요. 그래도 그냥 통성으로 기도했죠. 정말 그 아이가 불쌍해서 그랬어요. 갑자기 그 아이 때문에 눈물이 나오더라구요. 그냥 펑펑 울면서 끌어안은 채로 기도했죠."

사실 영수는 아버지하고 둘이서 살고 있었다. 어머니는 일찍 옆집 가게 아저씨와 눈이 맞아 도망친 상태였다. 아버지는 포장마차를 하고 있었는데 저녁에 나갔다가 새벽에 돌아왔다. 그러니 영수는 저녁부터 홀로 있어야 했다. 아무도 없는 집, 밥상, TV……, 그래서 영수는 늘 교회 놀이터와 공터를 배회하였던 것이다. 그런 생각 때문이었던 것일까? 집사님의 통곡에 가까운 기도는 계속 이어진 것이었다. 약 2~30분간에 걸친 기도가 계속되었다. 그 기도는 영수를 완전히 사랑의 폭탄을 맞은 사람이 되게 한 것이었다. 사실 어머니의 사랑을 느껴본 적이 없었고, 제대로 어머니의 가슴에 안겨본 적이 없었을 영수가 자신을 위해 통곡하며 기도하는 집사님의 가슴에 안겨 무슨 생각을 한 것인지 알 수 없지만 영수를 정신없게 감동시킨 것이 분명하였다.

"기도가 끝났는데…… 글쎄 영수의 눈과 얼굴에도 온통 눈물, 콧물 범벅이었어요. 그때부터였어요."

정말 그때부터였다. 영수가 바뀐 것이었다. 학교 짱이었던 영수가 바뀌자 그 주변 친구들도 바뀌었다. 친구들을 교회로 데리고 오기 시작하였다. 무력을(?) 사용했을지도 모른다.

"야, 교회가자"

"싫어"

"너 죽을래. 같이 가자면 가는거지 무슨 잔소리야!"

뭐 이런 시나리오가 가능할 것이다. 그것은 내가 교육목회 하던 중 만났던 아름다운 기적의 전설 중에 한 사건이었다.

우리는 좋은 교사의 조건을 무슨 좋은 대학을 나오고 교육을 전공하고……, 뭐 이런 기준들을 중요시 할지 모른다. 물론 틀리지는 않다. 하지만 이것보다

> 늘 아이들을 마음에 두고 기도하는 교사가 있는 반의 아이들을 주님이 아름답게 변화시키시는 것은 당연한 일이 아닌가?.

더 중요한 것은 진심으로 아이들을 사랑하고 긍휼히 여기는 마음을 가지고 기도할 수 있는 사람이 더 훌륭한 교사라고 생각한다. 늘 아이들을 마음에 두고 기도하는 교사가 있는 반의 아이들을 주님은 아름답게 변화시키시는 것은 당연한 일이 아닌가?

그런데 우리는 기도하지 않는다. 일주일 내내 아이들을 잊어 버렸다가 간신히 주일날 교회에서 아이들을 가르친다. 그 가르침이란 것은 준비되었거나 묵상되어진 것도 아니다.

그저 기계적으로 가르친다. 그 가르침에 능력과 변화가 없는 것은 당연하다.

생각해보자. 양복 주머니, 바지 주머니 할 것 없이 기도 제목이 적힌 종이 쪽지를 넣어둔다. 버스나 사람을 기다리다가 주머니에 있는 기도가 적힌 종이 쪽지를 발견하고 꺼내어 들고 기도한다.

이렇게 때를 얻든지 못 얻든지 기도하고 또 기도하는 교사와 그저 이름뿐인 교사와 다른 것은 당연하지 않은가? 그렇게 기도하는 교사에게 주어진 아이들이 변화되고 새로워지는 것은 당연한 것이다. 더욱이 그 집사님처럼 내 피를 짜서 아이들을 먹이는 심정으로 기도하고 사랑하는 가르침에 아이들이 아름다운 사람이 되는 것은 당연한 일일 것이다.

기도하는가? 아이들을 위해 기도하는가? 피를 짜듯이 기도하는가? 그렇다면 가장 잘 준비된 교사일 것이다. 다른 조건이 부족하더라도 말이다.

주님이 말씀하시는 교사십계명

"예수는 영원히 계시므로…… 자기를 힘입어 하나님께 나아가는 자들을 온전히 구원하실 수 있으니 이는 그가 항상 살아서 저희를 위하여 간구하심이니라."(히 7:24-25)

Operation World의 패트릭 존스톤이 이런 말을 했다. "우리가 일하면 우리가 일하는 것이지만 우리가 기도하면 하나님께서 일하신다"(When we work, we work. When we pray, God works.)

사실 이 말씀은 새삼스러운 얘기가 아니다. 이미 예수님이 수없이 강조하였던 말씀이기 때문이다. 우리의 기도가 능력이 있을 수 밖에 없는 이유는 히브리서 말씀처럼 "항상 살아서" 우리를 위하여 기도하시기 때문이다. 또한 주님이 살아 계실 때 기도의 중요성과 능력에 대하여 수없이 강조하셨었다.

"그러므로 내가 너희에게 말하노니 무엇이든지 기도하고 구하는 것은 받은 줄로 믿으라 그리하면 너희에게 그대로 되리

라"(막11:24)

이 사실을 너무나도 잘 알고 있었던 제자 야고보는 매우 정확한 인식으로 우리에게 강력하게 권면하는데, 기도의 깊이를 알기 때문이었고 그 능력을 경험하였기 때문이었을 것이다. 그래서 야고보는 우리의 기도로 병든 자를 고칠 뿐만 아니라 심지어는 죄의 용서까지도 이끌어낼 수 있다고 강력하게 우리에게 말하고 있는 것이다.

"믿음의 기도는 병든 자를 구원하리니 주께서 저를 일으키시리라 혹시 죄를 범하였을찌라도 사하심을 얻으리라"(약5:15)

> 다른 것은 잘 못할 수도 있다. 그런데 기도마저 못한다면, 기도조차 할 수 없다면 교사로서 가장 중요한 것을 잃고 있는 것이다.

그렇다면 우리가 아이들을 위해 할 수 있는 가장 중요한 것은 기도일 것이고 주님 역시 우리에게 기도할 것을 요청하고 계신 것이다. 다른 것은 잘 못할 수도 있다. 그런데 기도마저 못한다면, 기도조차 할 수 없다면 아이들을 가르치는 교사로서 가장 중요한 것을 잃고 있는 것이다. 주님은 우리에게 기도할 것을 강조하면서 우리가 힘들고 어려울 때조차도 우리를 위한 대책을 세워놓으셨다. 바로 성령님이시다. 말할 수 없는 탄식으로 우리를 위해 중보하시기 때문이다.

"이와 같이 성령도 우리 연약함을 도우시나니 우리가 마땅히 빌바를 알지 못하나 오직 성령이 말할 수 없는 탄식으로 우리를 위하여 친히 간구하시느니라"(롬 8:26)

주님은 지금도 분명히 말씀하고 계신다. 우리 교사들에게 말이다.

"기도하라! 아이들을 위해 기도하라! 믿음으로 기도하라!"

내 삶에 적용된 교사십계명

기도는 선택이 아니라 교사가 가져야 할 필수 항목인데, 우리는 그 중요성을 놓치고 있는 것이 사실이다. 오직 주님만이 영혼을 치료하시고 변화시킬 수 있기 때문에 우리가 기도해야 하는 것이다. 기도없는 지식, 기도없는 열정, 기도없는 사랑…… 언제나 부족할 수 밖에 없다. 열매가 없는 이유인 것이다. 그러므로 기도하는 것이 무엇보다 중요한 것이다.

1. 지금까지 나의 가르침은 기도가 있는 가르침이었는가? 분반공부를 위해 가르침의 지혜를 달라고 기도해본 적이 있는가?

2. 아이들을 위해 기도하는가? 주일을 제외하고 일주일에 한번이라도 아이들의 이름을 불러가며 기도하고 있는가?

3. 내게 주어진 반 아이들의 이름들을 적으시고, 그 아이들의 이름 옆에 각 아이의 기도제목들을 적어보라. 혹시 모른다면 이번 주일날 기도제목을 물어보라.

4. 기도수첩이든, 기도쪽지든 만들어보라. 그리고 기도를 시작하라.

우리를 가족으로 부르신 주님처럼
자녀로 입양하라

　아이들을 가르치는 교사들이 가장 고민하는 부분은 아이들이 전혀 변화되는 것처럼 보이지 않을 때이다. 그럴 수 밖에 없다. 교회 안에서의 생활이라는 것이 고작 일주일 168시간 중에 한 두시간인 반면에 나머지 166시간은 학교에서, 학원에서, 가정에서 보내야 하기 때문이다.
　아이들의 변화가 더딘 것은 당연하다. 어떻게 2시간이 166시간을 이길 수 있는가? 그 한 두시간도 철저하게 준비되어진 시간이라고 보기 어렵다면 더 더욱 영향력은 미미할 수 밖에 없다. 반면에 세상은 이미 우리 교회를 넘어가고 말았다.

어느 주일 아침 나와 친분이 있으면서 교회 중요한 직책을 맡고 있는 한 권사님을 만났을 때였다.

"요즈음 진수가 잘 보이지 않네요?"

나의 갑작스러운 질문에 권사님은 약간 당황하는 눈치였다. 사실 내가 이렇게 물었던 이유는 아이가 주일날 영어학원에 다니는 것을 알고 있었기 때문이었다. 머뭇머뭇 거리는 권사님에게 나는 좀 더 직접적인 질문을 던졌다.

"진수가 주일날 학원에 다닌다고 들었는데……"
"……"
"다른 분도 아니고 권사님이 아이를 주일날 학교에 보내시면 어떻게 합니까?"

나의 따지는 듯한 물음에 순간적으로 멈칫하였던 권사님은 매우 어쩔 수 없는 이유였다는듯이 말을 하기 시작하였다.

"학원 선생님들이 얼마나 집요하게 하는지……, 그래서 주일 날도 본의 아니게 빠지게 할 때가 있어요."

나는 어이가 없었다. 잠시 멈칫하는 나에게 권사님은 약간은 불평섞인 투로 계속 이어갔다.

"그런데……, 교회학교 담임 선생님은 우리 아이가 교회를 안 나가도 관심이 없어요. 학원 선생님들은 득달나게 달려오는데……."

나는 그 때 이미 교회 교육이 사설 교육기관보다 영향력을 줄 수 없는, 즉, 현실과 동 떨어져있는 교육을 하고 있음을 깨달을 수 있었다. 학교가 끝난 후 매일 2시간, 3시간씩 아이들을 붙잡아두고, 심지어 일요일에는 함께 소풍과 특별과외를 해주고, 하루가 멀다하고 전화하고 심방(?)하고, 생일, 부모님 기념일등 챙겨주고, 카드보내고 선물보내는등 학원과의 경쟁에서 이미 교회는 밀리고 만 것이다.

학원은 그럴 수 밖에 없다. 한 아파트 단지에도 같은 종류의 학원이 너무 많아서 철저하게 고객관리하는 차원에서라도 아이들을 돌보지 않으면 소득이 줄어들기 때문이다. 그래서 거의 사생결단식으로 학원은 움직인다. 그런데 교회는 그렇지 않다. 이미 긴장감은 사라졌고, 막말로 해서 한 푼 돈이 나오는 것도 아니다. 그래서 그런가? 이미 교회는 학원에 조차 밀렸다고 해도 틀리지 않다.

어떻게 할까? 고민할 것도 없다. 우리는 말씀대로 움직이면 된다. 성경은 우리 모두가 하나님의 자녀로, 가족으로 부름받았음을 말한다. 그러니까 우리는 가족을 대하듯이 아이들을 대하면 된다. 아니 가족처럼 함께 살고 나누면 된다.

그렇게 보면 예수님의 공생애 동안 제자들과 함께 한 훈련이라는 것도 별다른 것이 있어 보이지 않는다. 함께 먹고 마시고 자고 여행하고…… 뭐 그런 것이었다. 실제로 예수님이 제자들을 부르실 때 부르심의 목적이 있었지만 그것보다 우선이었던 것은 함께 살기 위함이었다.

"예수께서 열둘을 세우시고 그들을 사도라고 이름하셨다. 이것은, 예수께서 그들을 자기와 함께 있게 하시고, 또 그들을 내보내어서 말씀을 전파하게 하시며."(막3:14)

분명 말씀을 전파하게 하시려고 부르셨지만 그보다 먼저 주님은 제자들을 자기와 함께 있게 하셨다. 함께 사는 것, 주님의 훈련의 핵심이었던 것이다. 이제 우리도 주님처럼 하면 된다. 즉 교회학교 교육을 삶의 교육으로 확장 시켜야한다는 뜻이다. 예수님께서 3년 공생애 동안 자신의 제자들과 함께 먹고 마시고 자며 고통과 기쁨을 나누었던 것처럼 우리의 교육은 삶을 나누는 교육으로 교회 교육현장을 삶의 영역으로 확장시켜야 한다.

6학년을 담임했던 여교사가 자신이 맡고 있던 반의 성장하는 비결에 대하여 함께 나누게 된 적이 있었다. 그때 그 교사는 아무리 생각해도 특별한 비결이 없다는 것이다. 그래도 굳이 말하라면 자신의 집을 개방한 것 밖에 없다는 것이다. 물론 그것도 일부러 개방한 것이 아니라 교회 아이들이 자신의 아들과 딸의 친구들이고 오빠들이라서 집을 개방했다는 것이다. 그냥 자유롭게 와서 놀게 했다는 것이었다.

"저의 집은 매일 열려 있었어요. 제가 있든 없든 아이들이 찾아왔죠. 저의 반 아이들이 내 아들 동현이와 친구였기 때문이기도 했고, 내 딸 현정이를 걔네들이 좋아했어요. 그래서 늘 아이들이 집에 바글바글 했죠. 제가 없어도 아이들끼리 라면을 끓여 먹기도 하고…… 한번 아이들이 놀다가면 난장판이었지만, 사실, 모두가 내 아들들이었죠 뭐……"

> 아들처럼, 딸처럼 느끼고 가르치는 교육, 내 삶의 자리에 아이들을 초청하고 함께 사는 것을 놓친 것이 우리의 문제였다.

계획적으로 한 것은 아니었지만 결과적으로 그 반의 성공은 내 자녀처럼 키우고 교회에서만이 아니라 삶의 영역으로 초대하고 함께 나눈 결과였던 것이다.

그렇다. 아들처럼, 딸처럼 느끼고 가르치는 교육, 가족처럼 함께 사는 것, 내 삶의 자리에 아이들을 초청하고 함께 사는 것을 놓친 것이 우리의 문제였던 것이다.

2시간이 166시간을 이길 수 있는 수학적 방법은 없다. 2시간이 166시간을 이길려면 2시간 교육의 질적향상 뿐만 아니라 2시간 교육을 넘어 삶의 영역으로 확대, 연장하는 방법밖에 없다고 생각한다. 가족이 되어야 한다. 일주일 내내 기억도 나지 않는 아이들, 단 한번 주일에 만나면서 아이들이 변화될 것을 기대하는 것은 지나친 욕심이 아닐까?

그러니까 그동안 우리의 교육은 주님이 가르쳐 주신 가족으로 사는 가르침을 한 것이 아니라 머리에만 있는 지식을 주입하는 학교 교육의 연장에 있었던 것이다. 교육현장을 나오면 잊어버리고 싶은 지긋지긋한 아이들처럼 생각하고 있었기에 소망이 없었던 것이다.

학원 선생들보다 더한 열정은 사라졌고. 학교보다 적은 시간을 함께 하는 교회학교, 이미 영향력을 상실한 것은 당연한 일이다. 그러니 회복해야 한다. 주님 안에서 가족으로 부름받은 우리는 내게 주어진 아이들을 내 딸, 내 아들, 내 동생으로 보아야 할 것이다. 그제서야 비로소 2시간이지만 166시간을 이길 수 있는 힘을 갖게 되는 것이다. 당연히 기억하기 때문이다. 그 아이들이 내 자식이고 내 동생이라면 166시간 동안 잊어 버렸다가 고작 2시간만 기억하는 것이 불가능하기 때문이다.

주님이 말씀하시는 교사십계명

"누가 내 모친이며 동생들이냐 하시고 둘러 앉은 자들을 둘러 보시며 가라사대 내 모친과 내 동생들을 보라 누구든지 하나님의 뜻대로 하는 자는 내 형제요 자매요 모친이니라"
(막 3:33-35)

우리는 예수님을 믿는 순간부터 하나님의 자녀가 되었다. "영접하는 자 곧 그 이름을 믿는 자들에게는 하나님의 자녀가 되는 권세를 주셨으니"(요1:12)

우리가 믿을 때 하나님의 자녀가 되었다는 말은 주님과 우리의 관계가 가족 관계가 되었다는 것을 의미한다. 그래서 주님이 육신의 어머니 마리아, 동생들에게는 섭섭하게 들릴지 모르지만 하나님의 뜻 안에 있는 우리에게 "내 형제, 자매, 모친"이라고 부른 것이다.

> 주님은 우리에게 가족으로 살라고 요청하셨다. 그런 의미에서 내게 주어진 아이들은 내 자녀인 것이다.

주님은 우리에게 가족으로 살라고 요청하신 것이다. 그런 의미에서 내게 주어진 아이들은 내 자녀이고, 형제이고 자매인 것이다. 그러므로 우리가 주님의 말씀을 따라 살아가는 주님의 제자들이면서 형제 자매

라면 이같은 제안을 받아들여야 할 것이다.

그러나 문제는 우리가 심정적으로 받아들이지 못하는 것에 있다. 그래서 바울은 이같은 우리의 감정을 이해하고 우리가 하나님의 자녀됨을 설명할 때 "양자됨" 곧 입양(adoption)이라는 개념을 사용하였다.

> "너희는 다시 무서워하는 종의 영을 받지 아니하였고 양자의 영을 받았으므로 아바 아버지라 부르짖느니라"(롬 8:15)

내가 가르치고 있는 아이들이 나의 자녀일 수는 없다. 하지만 영적으로 우리는 아이들을 자녀로 받아들여야 하고, 형제 자매로 받아들여야 한다. 그렇게 가족으로 받아들일 때 우린 비로소 주님이 말씀하시는 사랑도, 용서도, 이해도, 진정한 교육도 가능하게 되는 것이다. 예수를 따라 살았던 바울의 권면을 좇아 내가 가르치고 있는 아이들을 입양하지 않겠는가?

> "그리스도 안에서 일만 스승이 있으되 아비는 많지 아니하니 그리스도 예수 안에서 복음으로써 내가 너희를 낳았음이

라"(고전 4:15)

내 삶에 적용된 교사십계명

스스로 "내가 너희를 낳았다"고 말한 후에 바울은 매우 자신있게 말을 이었다. "그러므로 내가 너희에게 권하노니 너희는 나를 본받는 자 되라"(고전 4:16) 내 안에 품지도 않고 내가 기도로 낳지도 않고 사랑으로 키우지도 않은 아이들이 변화되지 않는 것은 당연할 것이다. 어떻게 하겠는가?

1. 생각해보자 나는 일주일에 몇 시간이나 내게 주어진 아이들을 기억하고 있었는가? 그들은 내 마음속에 내 기억속에 얼마나 존재하고 있었는가? 아마 없었을 것이다. 이유가 무엇인가?

2. 내 반 아이들의 집으로 찾아가거나 나의 집, 형편이 안되면 내가 살고 삶의 자리로 초청하여 지내본 적이 있는가? 만약 없다면 이유가 무엇인가?

3. 가족이라면 당연히 알아야 할 생일, 학기말 혹은 시험 일정, 지

금 다니고 있는 학원, 어떤 과외를 받고 있는지? 부모님은 뭐 하시는지? 혹은 나의 삶에 대하여 나눈 적이 있는가? 만약 없다면 이유가 무엇인가?

4. 내게 주어진 아이를 영적인 자녀로 입양할 마음이 없는가? 그래서 책임지고 양육하고 기도할 마음이 없는가?

우리 모습 그대로 받으신 주님처럼
아이를 아이답게 하라

유치부 예배에 들어갔을 때이다. 예배가 시작되자 반주자는 한번 건반을 쾅 눌렀다. 아이들은 모두 눈을 감았다. 두 번째 건반소리에 아이들은 고개를 숙였고 세 번째 건반소리에 손을 모았다. 어느 교회든 유치부나 저학년 예배시간에 쉽게 볼 수 있는 풍경이었다. 그런데 그 모습은 마치 노련한 조련사가 호각을 불 때 첫번째 호각소리에는 코끼리가 일어서고, 두번째 호각소리에는 춤을 추고, 세번째 호각 소리에는 앉는 훈련된 코끼리의 모습처럼 보였다. 더 심한 말을 하면 마치 프로그램되어진대로 움직이는 로봇처럼 느껴졌다.

실제로 교회학교는 아이들을 로봇처럼 취급하는 것이 사실이다. 아니 로봇처럼 교사 말을 잘 듣는 아이들이 믿음 좋은 아이들로 취급되어진다. 예배 시간 꼼짝도 하지 않고 조용히 앉아서 예배를 드리고, 무조건 교사의 말에 순종하고, 성경지식도 많이 알고 있고, 공부 잘하고 그러면 믿음이 좋은 것으로 평가한다.

....

초등학교 그리고 고등학교 시절까지는 매우 열심히 교회도 나오고 누구보다 예수님을 잘 알던 한 학생이 있었다. 성경 퀴즈대회하면 언제나 일등하였고 예의바르고 얌전하였다. 많은 교사들이 그 아이를 자랑하고 좋아했다. 중고등부에 올라가서는 단골 학생회장이었고 가끔 하는 공중 대표기도 또한 유창하였다. 그러다가 고등학교를 졸업하고 불행하게도 대학 시험에 떨어지고 난 후 교회를 간간이 나오기 시작하였다. 처음에는 시험 준비하는 것이려니 생각했다. 그런데 다른 또래의 청년들을 통해 이상한 소리가 들려 왔다. 그 청년이 하고 다니는 얘기들이었다. 교회 어른들, 교회학교 선생님들에 대한 비판, 심지어는 자기 자신의 믿음은 가짜였다는 등의 소리였다. 많은 교사들이, 특히 그를 가르친 경험이 있는 교사들과 어른들은 한결같이 이렇게 나에게 말을 해왔다.

"어렸을 때는 믿음이 좋았는데……."
"어떻게 그럴 수 있지?"

내가 교회에 부임하기 전에 주로 벌어졌던 일이었기 때문에 그 청년을 피상적으로만 알고 있었지만 그 청년을 만나야 하겠다는 생각이 들어 만나게 되었다. 그리고 그 청년에게 솔직한 교회 선생님들의 생각을 전하였다. 가능하면 정신 좀 차릴 것을 말하려고 하였다. 하지만 난 오히려 그 청년에게 설득당하고 말았다. 그 청년이 이해되었다는 말이다.

"솔직히 말해서…… 목사님! 어렸을 때는 잘 몰랐는데, 지금 와서 보니까 선생님들이 모두 사기꾼들이었습니다."

갑자기 무슨 얘기인가? 그 청년이 말하고 있었던 것은 중고등부시절까지 자기가 경험했던 교사들에 대한 것이었다. 일부 교사들이 술을 먹고 술주정과 싸움질을 하고 여자 청년들을 울렸던 얘기, 고등부 시절에는 당구장에서 나오는 교사들, 심지어 어떤 선배들은 교사들과 함께 담배를 피우며 함께 당구를 치던 얘기등이었다.

나는 그 청년의 얘기를 듣는 순간, 그의 변화가 당연한 것으로 여겨졌다. 삶을 감춘 선생님들의 포장된 예수의 이야기만 듣다가 직접 그 선생님들의 삶을 보는 순간 심한 분노와 속았다는 감정이 생겼다는 것임을 쉽게 깨달을 수 있었다.

그렇다면 그의 초등학교에서 고등학교까지의 신앙생활은 무엇인가? 거짓인가? 놀랍게도 훈련된 것이었다. 그는 교사들을 감동시키는 방법들을 알고 있었던 것이었다. 답을 알고 있었다. 어떻게 행동하면 선생님들이 좋아하고, 어떻게하면 칭찬받는지를 알고 있었다. 로봇처럼 시키는 데로 하기만 하면 믿음 좋은 아이로 평가된다는 것을 알았던 것이다.

그런데 고등학교를 졸업하면서 더 이상 선생님들의 인정을 받는 것이 의미없다는 것을 아는 순간부터 자신의 신앙을 돌아보게 된 것이었다. 그의 신앙은 알맹이가 없는 껍데기, 형식만 있는 신앙이라는 것을 안 것이었다. "내 믿음은 가짜였다"는 고백은 정말 솔직한 것이었다.

가끔 초등학교 중고등학교 시절까지는 일본, 미국보다 훨씬 잘해서 늘 이기는 야구, 축구 등 운동선수들이 청년이 되어서 본격적인 프로선수들이 되면 우리가 늘 못하는 이유를 들었다. 이미 어렸을 때부터 이기기 위해 운동을 하였다. 일단 경기가 시작되면 기본기를 다져야하는 시기임에도 불구하고 무조건 이기기 위해 던진다. 어렸을 때는 금물인 변화구를 던지기위해 던지느라 팔을 비트는 등 기교를 배우게도 한다. 심지어 고등부 전국대회에서는 15회를 연속으로 던진 강철팔 투수 얘기를 듣기도 하였다. 그런 유망주들이 아쉽게도 조기에 사라지고 말았다. 자신을 혹사해서 빨리 다가온 노쇠현상 때문이었다. 아이들을 성인 프로야구 선수처럼 혹사해서 그런 것이다.

아이들 시절에는 아이들처럼 행동하게 해야 한다. 아이들이 예배당에서 떠들고 장난치고 요란하게 활동하는 것은 당연하다. 중고등부 시절 서로 모여 수다떨고 먹고 놀고…… 당연하다. 그런데 그런 모습을 본 교사는 "너희들 교회 놀러

> 교회에 놀러오면 안되는가? 교회에서 노는 것은 좋은 것이다. 그렇지 않으면 세상 어두컴컴한데서 놀라는 말인가?

왔어!"소리를 질러댄다. 교회에 놀러오면 안되는가? 교회에서 노는 것은 좋은 것이다. 그렇지 않으면 세상 어두컴컴한데서 놀라는 말인가?

어른들이 예배드리는 시간에 갓난 아이나 3~4살먹은 아이들이 엄마와 함께 있다가 울기도 하고 떠들기도 한다. 그러면 인상을 찌푸리는 어른들이 있다. 그럴 수도 있다. 하지만 그때마다 난 이렇게 얘기한다.

"아이들의 울음소리가 종달새 노래소리처럼 들리죠? 그냥 두세요. 종달새 소리를 들으면 기분이 상쾌해지는 것처럼 잘 들어보세요 아이들의 울고 떠드는 소리가 우리를 상쾌하게 하지 않나요? 그렇게 들리시죠?"

그러면 어른들은 그냥 웃고 만다. 사실이 그래서 그렇다. 아이들은 아이들이다. 무슨 포장된 교육을 하지 않아도 된다. 그렇다면 이제 우리가 연구해야하는 것은 어떻게 아이가 아이되게 하면서 말씀을 전하고 활동할 것인가하는 것이다. 그것을 연구해야 하는 시기가 온 것이다.

주님이 말씀하시는 교사십계명

"가라사대 진실로 너희에게 이르노니 너희가 돌이켜 어린 아이들과 같이 되지 아니하면 결단코 천국에 들어가지 못하리라"(마 18:3)

예수님이 마을로 들어가시는데 아이들이 예수님께로 나아왔던 이야기가 마태복음에 나온다. 아마 부모들은 자신의 아이들에게 예수님이 기도해 주시길 원했던 것 같다. 그런데 엄마와 함께 나오는 아이들은 재잘대면서 떠들고 있었던 것 같다. 제자들이 그 모습을 보고 아이들이 예수님께로 다가오는 것을 막고 부모들을 꾸짖었다. "애들은 가라!" 뭐 이런 분위기였는지도 모른다. 그런데 예수님은 오히려 제자들을 나무라시면서 이렇게 말씀하시는 것이었다.

"예수께서 가라사대 어린 아이들을 용납하고 내게 오는 것

을 금하지 말라 천국이 이런 자의 것이니라."(마19:14)

> 무조건 조용히 하라. 떠들지 마라. 장난치지 말아라. 무슨 아이들이 로봇도 아닌데…… 우린 지금까지 너무 어리석은 교육을 해온 것이다.

주님의 이 말씀은 아이들을 아이들로 받아들이고 있다는 증거이다. 사실 아이들은 아이들이다. 아이들이 떠들고 장난치고 깔깔대는 것은 당연하다. 그런 전제에서 교육은 시작되어야 하는 것이다. 무조건 조용히 하라. 떠들지 마라. 장난치지 말아라. 무슨 아이들이 로봇도 아닌데…… 우린 지금까지 너무 어리석은 교육을 해온 것이다.

더욱이 예수님은 "천국에서는 누가 큰 자입니까?"는 제자들의 질문에 역시 아이들을 예로 들어 말씀하셨다.

"너희가 돌이켜 어린 아이들과 같이 되지 아니하면 결단코 천국에 들어가지 못하리라"(마 18:3)

사실 아이들만큼 교만하고 자기 중심적이고 못된 경우는 없다. 그러므로 주님이 하신 말씀은 아이들의 본래적 의

존성을 말하는 것이다. 자유하다! 자신은 한 푼도 벌어오지 않고 모든 경우에 부모님의 도움을 늘 받으면서도 당당하고 자유롭다. 언제나 부모에게 의존적이라는 말이다. 이처럼 아이를 아이답게, 청소년을 청소년답게 살게 해야 한다. 그런데 언제부터인가 우리는 아이들을 자유롭게 하지 않고 형식과 법칙에 가둬놓은 채 살게 하는 것 같다. 아이들은 믿음 좋음이 무엇인지를 배우고 점점 형식적으로 변화하게 되어가는듯 하다.

아이를 아이답게 하라! 아이들이 아이들처럼 행동하는 것을 방해하지 말라! 주님이 우리에게 하고 싶은 얘기가 아닐까 생각해본다.

내 삶에 적용된 교사십계명

이상하게 주일학교 시절에는 믿음이 좋았던 아이들이 고등부를 졸업하면서 교회도 졸업하는 경우를 많이 만난다. 어쩌면 선생님이나 부모에게 잘 보이려고 했던 형식적인 신앙생활을 솔직하게 돌아본 결과인지도 모른다. 우리가 가르쳐야 하는 교육은 온실 속에 사는 아이들을 위한 것이 아니라 세상속에서 사는 아이들을 위한 것이다. 그러므로 아이들이 자신의 모습 그대로 주님 앞에 나오도록 도와야 한다. 거기에서부터 우리의 교회 교육은 시작되어야 하기 때문이다.

1. 먼저 초등학교, 학생부 시절에는 믿음이 좋았다고 여겨졌던 아이들 중에 지금 청년시절 혹은 어른이 되어서 믿음이 나빠지거나 교회를 다니지 않는 사람들의 예를 먼저 생각해보라.

2. 아이들이 아이들답게, 청소년이 청소년답게 사는 것이 무엇인지 생각해보자.

3. 우리의 교육과 예배는 우리 아이들을 어른들에게 맞게 규격화된 신앙으로 만드는데 주력하고 있는 것은 아닌가?

4. 자유롭게 표현하게 하라. 자유롭게 생각하게 하라. 자유롭게 행동하게 하라. 어떻게 우리의 분반공부와 예배를 아이들, 청소년에 맞게 디자인할 것인지 연구해보라.

끝까지 포기하지 않으신 주님처럼
포기하지 말라

갑자기 교사 십계명을 얘기하면서 "포기하지 말라"는 말은 좀 이상해보일지 모른다. 그런데 내 마음에 있는 깊은 상처 때문에 이런 말을 하지 않을 수가 없어서 그렇다.

중학교 여자 아이들 중에 미숙이가 있었다. 교사들은 대부분 미숙이를 못마땅해하는 눈치였다. 중학생 답지 않게 벌써 화장을 하고 다녔고, 교회 안에서는 고등학교 남자 아이들과 어울려 다녔기 때문이었다. 늘 예배시간은 끝날 즈음에 나왔고 제대로 분반공부에 참여하는 것 같지도 않았다. 교회를 나오는 이유는 예수를 믿기 위함이 아니라 남자 애들을 사귀기 위함이라는 말까지 교사들은 하였다. 또 미숙이 어머니가 술집에서 일하고 있다는 등 이상한 소리들도 들렸다. 그러니 같은 또래의 딸을 두고 있는 교사나 교인들은 걱정이 더했을 것이다. 그러던 어느날 교사로 있던 한 집사님이 나를 찾아왔다.

"목사님, 큰 일 났어요. 요즈음 우리 애가 머리를 이상하게 말아올리질 않나, 치마를 짧게 당겨서 입질 않나, 걱정이에요"
"요즈음 애들이 다 그렇죠 뭐. 여자잖아요"
"아니 예전에는 안 그랬다니까요. 그런데 아무래도 걔를 만나고 난 후부터 그런 것 같아요"

여기서 걔는 미숙이를 지칭하는 것이었다.

"그럴 리가 있겠어요?"

난 가능 한 진정하면서 말을 하였다.

"목사님이 잘 모르셔서 그래요. 우리 애가 말하는데 벌써 담배 피우고 술 먹고 그런다고 그러잖아요! 그래서 걔하고 놀지 못하게 하는데……"

매우 걱정스러워하는 눈치였다. 심각하긴 심각했나보다.

"그런데 이런 말을 하긴 챙피하지만…… 우리 애가 이틀이나 가출했었어요"
"네?"
"미숙이하고 같이 있었대요"

충분히 이해가 되었다. 딸을 가진 부모로서 얼마든지 그런 걱정이 되는게 받아들여졌다. 더욱이 교회학교를 맡고 있는 목사로서 일종의 책임을 느끼지 않을 수가 없었다.

"그래서 말인데요."

평상시에도 늘 반듯하게 신앙생활하는 교사였기에 매우 조심스러운 모습으로 말을 이었다.

"걔, 우리 교회 나오지 못하게 하면 안돼요?"

순간 당황하였지만 이내 어머니의 심정이 이해되었다. 하지만 교회를 나오지 못하게 한다? 그것은 말이 안되는 얘기였다.

"그래도 교회를 나오지 못하게 하는 것은 심하지 않겠어요?"
"아니, 목사님도 아시잖아요. 어린 애가 돌아다니면서 못할 짓 다 한 것 말이에요. 그리고 우리 교회 남자 아이들도 벌써 걔 한테 얼마나 넘어갔는지 아세요?"

그날 대화는 거기서 끝났다. 그 선생님도 심하게 얘기했다고 느껴졌는지 황급히 자리를 떠났고 나도 더 이상 물어보거나 다른 말을 하지 않았다. 하지만 그 어머니 선생님의 얘기가 내 머리에 잔뜩 남아 있었다.

"어떻게 해야 하나? 미숙이를 어떻게 해야 하나?"

정말 걱정이 되었다. 가끔 교회에 미숙이를 마주칠 때면 더욱 걱정이 되었다. 지금 내가 속상해하는 부분이 이 지점이다. 내가 걱정하고 있는 것은 그 여자아이가 아니라 그 집사님의 딸이나 우리 교회 다른 아이들에 대한 것 뿐이었다는 점이다. 그러니까 미숙이 때문에 우리 아이들이 물들지 않을까하는 걱정, 고작 삼십을 갓 넘긴 목사의 어리석음이었다.

그러던 어느날부터 미숙이가 교회에서 보이지 않았다. 마음 속에 걸려있던 부분이어서 그냥 무심하게 넘어갔지만 이런 저런 소리들이 들려왔다. 교회의 어떤 선생님이 심하게 혼을 냈다는 얘기도 들렸고, 그렇게 행동할거면 교회나오지 말라고 소리쳤다는 얘기도 들렸다. 나는 그냥 잊으려했다. 사실 교회를 매우 열심히 잘 나온 것도 아니고, 신앙생활을 제대로 한 것도 아니고, 바른 태도를 보인 것도 아니고, 교회 나오다가 안 나오는 아이가 한 두명인가…… 이런 등등의 이유를 들어서 지나쳐버렸다.

그렇게 시간이 지났는데 마음에는 여전히 미숙이가 걸려있었다. 예전에 알고 지내던 아이들을 통해서 가끔 물어보던 나에게 어느날 뜻밖의 소식이 들렸다. 미숙이가 고등학교를 자퇴하였다는 소식과 더 충격적인 것은 미아리 텍사스촌 술집에서 일하고 있다는 소식이었다. 적지않게 마음이 아팠다. 심한 부담감이 다가왔다. 그러던 어느날 우연히 길거리에서 진하게 화장을 하고 이미 어른이 된 모습을 하고 지나가는 미숙이를 보았다. 그런데 눈을 마주칠 수가 없었다. 너무 부끄럽고 미안해서 볼 수가 없었다. 그 후로 미숙이에 대한 소식은 끊겼다. 미아리에서도 보이지 않았다. 예전 친구들도 이젠 모르겠다고, 끊긴지 오래되었다고만 말을 하였다.

> 목사로서 나의 치명적인 잘못은 처음 그 아이에 대한 소식을 들었을 때, 상담이 정말 필요한 시점이었을 때 그 아이를 만났어야 했다.

목사로서 나의 치명적인 잘못은 처음 그 아이에 대한 소식을 들었을 때, 상담이 정말 필요한 시점이었을 때 그 아이를 만났어야 했다. 그런데 모든 교사들처럼 나도 은근히 그 아이가 교회를 안 나오는 것이 좋겠다는 생각을 했었는지도 모른다. 무슨 특별한 행동을 취한 것은 아니지만 무관심했던 것이 그것을 증명하는 것이 아닐까?

좀 더 심한 말로 하면 나는 우리 교사들과 함께, 우리 교회와 함께 미숙이를 포기했던 것이다. 얼마나 절망적인 모습인가? 그런데 우리는 쉽게 이런 태도를 취할 때가 많다. 그때부터 나는 나 자신의 그런 모습이 미워졌다. 이상하게 그런 상황을 만나면 분노가 일어난다. 물론 나에 대한 분노이다. 한심하고 영혼을 사랑하지 않는 목사 하정완에 대한 분노 말이다. 그때부터 그와 유사한 상황을 만나면 매우 민감한 반응을 보이는 나를 발견한다. 미숙이에 대한 미안함 때문일지도 모른다.

"미안하다. 미숙아. 그때 내가 너를 만났어야 하는건데 …… 미안하다."

어느해 여름성경학교 때의 일이다. 교회 안에서는 한참 특별 활동이 진행되는 낮 시간이었다. 나는 잠시 집에 가서 병환으로 누워 계신 어머님을 뵙고 다시 교회로 돌아오는 길이었다. 그런데 5학년 수만이가 울면서 교회 계단을 내려오고 있었다.

"수만아 너 왜 울고 있어. 지금 특별활동 시간 아냐?"

"예"

평상시에는 씩씩하던 수만이가 모기만한 소리로 대답하고 어깨를 들썩였다. 대충 상황이 이해되었다. 교회에서 알아주는 장난꾸러기였으니까 분명 활동시간에 지나치게 장난해서 선생님한테 꾸중을 듣고 쫓겨난 상황이라는 것이 그려졌다. 그래도 모른채하고 천연덕스럽게 물었다.

"왜 그러는데? 왜 여기 있어?"
"선생님이 다신 교회 나오지 말래요"

선생님이 교회를 나오지 말라고 했다! 갑자기 화가 났다. 미숙이 이후 마음에 생긴 새로운 분노였다. 지금도 누군가를 교회가 무시하거나 도외시하면 이상하게 참지 못하는 습성이 생겼다.
충분히 선생님을 이해하면서도 참을 수가 없었다. 나는 특별 활동하는 교실로 올라갔다. 그리고 그 선생님을 밖으로 불러냈다.

"선생님, 어떻게 그럴 수 있습니까? 아무리 수만이가 잘못했을지라도 교회 나오지 말라고 하는 말은 하지 마셔야죠."

사실 더 소리지르고 싶었다.

"당신이 뭔데. 교회 나오라 나오지마라 얘기하는겁니까? 당신이 하나님이에요. 아니 그런 당신은 제대로 하고 있는 교사에요?"

하지만 더 크게 얘기하지는 못했다. 나도 그저 그런 목사였으니까 말이다.

"미안하다. 미숙아!"

주님이 말씀하시는 교사십계명

"우리는 우리가 행한 일에 상당한 보응을 받는 것이니 이에 당연하거니와 이 사람이 행한 것은 옳지 않은 것이 없느니라 하고 이르되 예수여 당신의 나라에 임하실 때에 나를 기억하소서 하니 예수께서 이르시되 내가 진실로 네게 이르노니 오늘 네가 나와 함께 낙원에 있으리라 하시니라"(눅 23:41,42-43)

어느 때부터인가 교회는 착한 사람들이 되어야만 다니는 곳이 되고 말았다. 표현이 이상하지만 조폭, 창녀, 걸인, 사기꾼, 도둑놈……, 소위 나쁜 사람들은 교회를 다닐 수 없는 세상이 된 것이다. 그래서 사기꾼이고 도둑놈이라도 아닌 채하고 나와야 한다.

> 아이들도 착한 아이들만 나와야 한다. 소위 질(?)이 좋지 않은 아이들은 은근히 나오지 않기를 바라는 경향이 있다.

아이들도 착한 아이들만 나와야 한다. 소위 질(?)이 좋지 않은 아이들은 은근히 나오지 않기를 바라는 경향이 있다. 아니면 교회를 보내지 않는 부모들도 있는 것이 사실이다.

그렇게 보면 이미 강도를 용납한 사건에서도 알 수 있듯이 예수님은 참 이상하게 행동하셨다. 주로 주님은 세상에서 제대로 여겨지지 않았던 사람들과 함께 있었다. 제자들도 어부, 세리 정도였고, 죄인, 창녀, 고아등과 함께 있기를 좋아하셨다. 그래서 예수님에게 붙은 별명이 "세리와 죄인의 친구"(마11:19)였다.

더욱이 기막힌 것은 하나님의 사랑 방법이었다. 그것은 우리가 연약하고(롬5:6) 죄인되었고(롬5:8) 심지어 원수되었을 때조차 하나님은 우리를 향한 구속계획을 진행시키시고 사랑하셨다는 점이다. 우리가 죄인이라고 꺼려하는 사람들에 대한 하나님의 태도를 들어보면 참 기막히다.

"우리가 아직 죄인 되었을 때에 그리스도께서 우리를 위하여 죽으심으로 하나님께서 우리에게 대한 자기의 사랑을 확증하셨느니라"(롬5:8)

한 마디로 말해서 포기하지 않았다. 하나님은 우리를 포기하지 않았다. 심지어 더 이상 아무 것도 할 수 없고 이제 죽을 일만 있었던 강도를 구원으로 초청하신 사건에서 충분히 알 수 있다.

사실 이 장면은 성경에 나오는 가장 아름다운 배려와 이해, 끝까지 포기하지 않으시는 주님의 모습을 가장 강력하게 알 수 있는 부분이다. 이제 더 이상 아무 것도 할 수 없는 강도, 그가 말했듯이 자신의 행한 일에 당연한 보응처럼 생각하고 이미 모든 것을 받아 들이고 있었다. 그런 그는 주님께 용서를 구할 수도, 구원을 부탁할 수도 없었다. 단지 "나를 기억하소서" 혹 생각이 나면 기억해달라는 소극적 요청이었다. 그런데 주님은 마치 기다렸다는 듯이 지체하지 않고 대답한 것이다.

그러니까 주님은 십자가에 매달려 있던 그 마지막 순간까지 그들 중에 한 강도라도 구원하시는 일을 쉬지 않으신 것이다. 포기하지 않으신 것이다. "오늘 네가 나와 함께 낙원에 있으리라"

주님은 우리에게 이렇게 말씀하고 계신다. "포기하지 말라. 어느 누구도 포기하지 말라. 다시 말한다. 포기하지 말라."

내 삶에 적용된 교사십계명

가만히 앉아서 돌아보면 우리가 포기해버린 아이들, 사람들이 적지 않은 것을 알 수 있을 것이다. 포기하지 않으시는 주님 앞에서 우리는 너무 쉽게 포기했던 것은 아닌지 돌아보지 않을 수 없다.

1. 자신을 먼저 돌아보자. 나의 삶의 행위들을 돌아볼 때 나는 버림받아 마땅한가? 아니면 그럴싸한 신앙인이었는가?

2. 그동안 내가 교사를 하면서 포기해 버렸다고 생각되는 아이들의 이름을 적어보라.

3. 지금 내가 가르치고 있는 아이들 중에 포기하고 싶은 마음이 들어 소홀히 여기고 있는 아이가 있다면 누구인지 생각해보신 후 '…… 어떻게 하시겠는가? 주님도 나를 포기하지 않으셨는데 '…… 포기하겠는가? 아니면 다시 관심 갖기를 시작하겠는가?

4. 주님은 우리에게 참 기막힌 격려를 하셨다. 주님이 마지막 날 심판에 대한 얘기를 비유로 하신 말씀을 통해서였다. 다음 말씀을 읽고 우리가 하고 있는 돌봄이 얼마나 귀중한지 생각해보라. "내가 진실로 너희에게 이르노니 너희가 여기 내 형제 중에 지극히 작은 자 하나에게 한 것이 곧 내게 한 것이니라"

(마25:40)

주님이 원수같은 우리라도
축복하신 것처럼 축복하라

 우리가 살고 있는 우리나라의 교육환경을 볼 때마다 참 속상한 것은 모든 것이 공부로만 귀결된다는 것이다. 성질이 나빠도 괜찮고 심지어 정신적으로 문제가 있어도 괜찮다. 그래서 버지니아 공대 그 끔찍한 사건을 일으킨 조승희도 어렸을 때부터 치료받고 상담이 필요하였지만 단지 공부를 잘하기 때문에 그냥 두었다는 말이 가슴을 아프게 하였다.
 그런데 이같은 시스템은 그대로 교회에서도 적용된다. 공부를 잘해야 한다. 어느 부흥사가 와서 집회를 인도하는데 자기 아들은 미국의 유명대학을 다니고 있다. 하나님이 축복해서 그렇다. 그런 투의 설교는 정말 많이 들을 수 있다.

그러면 대학 가는 것이 불투명하고 서울에 있는 대학이 아니라 지방 삼류대학을 다니는 사람은 하나님의 축복을 받지 못한 것같은 느낌이 들게 만드는 분위기가 참 속상한 것이 사실이다.

예전에 했던 드라마 중에 "옥이 이모"가 있다. 거기에는 공부를 가장 못하는 꼴찌 학규와 거꾸로 2등인 미순이를 늘 아쉽게 바라보던 선생님이 계셨다. 시험 성적이 나왔던 날 어김없이 거꾸로 1, 2등한 학규와 미순이를 선생님은 위로하고 싶어 교무실로 불렀다. 그냥 높여주고 싶었던 선생님은 물었다.

"미순아 넌 뭘 잘하노"
"저는 예 달리기를 잘 합니더"

선생님은 그런 미순이를 칭찬하였다. 손기정 아저씨 예를 들어가면서 나중에 훌륭한 선수가 될 수 있다고 칭찬하였다. 미순이의 입이 쫘악 찢어졌다. 이번에는 학규에게 물었다.

"학규야 넌 뭘 잘하노"
"……"

학규는 마땅히 잘하는 것이 없었다. 그래서 아무런 대답도 할 수 없었다. 선생님은 그래도 물었다.

"잘 생각해보그라! 뭐 있을거 아이가"

학규는 눈만 말똥거리다가 말을 하였다.

"없심니더"

선생님은 더 이상 아무 말도 할 수 없었다.

"알았다 그만 가 보그라"

무슨 격려를 하고 싶었는데 할 수가 없었다. 그런데 교무실 문턱을 넘어가던 학규가 갑자기 돌아서면서 입술에 미소를 띠며 말을 하였다.

"있심니더"

선생님은 몹시 반가운 듯 크게 물었다.

"뭐꼬?"
"지는 예 다른 사람보다 밥을 빨리 먹심더"

참 어이없는 대답이었다. 선생님은 아무런 격려도 할 수 없었다. 그냥 보냈다. 그러던 어느날 학교에서 아이들이 놀면서 학규를 왕따시켰다. 그것을 보고 있던 한 여자아이가 선생님에게 고자질하였다. 선생님은 몹시 화가 나서 아이들을 운동장 구석에 모두 세웠다. 그리고 말하기 시작하였다.

"혹시 여기서 학규보다 밥 빨리 먹는 놈 있나?"

매우 뜻밖의 질문이었다. 여하튼 그 질문에 아무도 선뜻 대답할 수 없었다. 이미 학규가 빨리 먹는 것은 온 천하가 다 아는 사실이었기 때문이었다. 선생님은 이어서 훈시하기 시작했다.

"생각해 보그라. 만일 전쟁이 났다고 가정해보자. 그래도 밥은 먹어야겠제?"

모든 아이들이 고개를 끄덕였다.

"그러면 너희 중에 누가 제일로 빨리 먹고 가서 총을 한방이라도 더 쏠 수 있겠다고 생각하나?"

아이들은 모두 학규를 손가락으로 가리키면서 합창하듯이 소리쳤다.

"학규요!"

더 이상 얘기할 것도 없다. 학규는 입이 귀밑까지 찢어졌다.

그 드라마 속 선생님을 보면서 많이 감동되었다. 우리에게는 그런 선생님이 계시지 않기 때문이다. 공부를 잘하든 못하든 귀하게 여기고 축복해주고 격려해주는 선생님들이 잘 보이지 않기 때문이다.

주님이 이 땅에 와서 제자삼는 기준을 학력에 두었다면 서기관이나 바리새인들이 제자가 되었을 것이다. 그러나 권력을 가진 헤롯당이나 대제사장 그룹 중에도 제자가 없었고, 돈을 소유한 사두개인 중에도 있지 않았다. 예수님의 제자들은 지식적으로나 세상적으로 볼 것이 별로 없는 사람이었다. 그 말은 예수님이 중요하게 여기는 기준은 세속적이지 않았다는 것을 말한다. 그런데 우리는 늘 그같은 기준에 민감하게 반응한다.

교회에서 만이라도 세상의 기준으로 아이들을 바라보거나 가르쳐서는 안된다. 이런 제안을 하고 싶다. 교회에서 만이라도 공부 성적 얘기를 안했으면 좋겠다. 그냥 축복했으면 좋겠다. 하나님의 계획이 있다는 것을 늘 얘기해주고 용기를 북돋아주었으면 좋겠다. 왜냐하면 아이들은 학교에서, 학원에서, 가정에서 온통 공부, 성적에 대한 중압감에 시달려 있기 때문이다. 교회만이라도 공부에서 해방시키는 해방구가 되었으면 한다.

교회가 아이들에게 할 수 있는 일은 축복밖에 없다. 하나님이 사랑하신다는 것을 가르치는 것보다 더 중요한 일은 없다. 하나님이 우리 아이들 각 사람을 위해 계획을 세워놓으셨다는 것을 말하는 것보다 귀중한 것은 없다.

요즈음도 그렇다. 다 큰 청년들을 만나더라도 안아주고 사랑한다 말해주고 머리에 손을 얹고 축복해준다. 하긴 목사가 할 수 있는 것 중에 가장 근사한 것이 축복이 아닌가? 우리 선생님들도 마찬가지이다. 축복하는 것, 기대하는 것, 격려하는 것, 사랑하는 것…… 그래도 시간이 모자라다.

> 축복하는 것, 기대하는 것, 격려하는 것, 사랑하는 것… 그래도 시간이 모자라다.

주님이 말씀하시는 교사십계명

"너희 듣는 자에게 내가 이르노니 너희 원수를 사랑하며 너희를 미워하는 자를 선대하며 너희를 저주하는 자를 위하여 축복하며 너희를 모욕하는 자를 위하여 기도하라"(눅6:27-28)

주님이 우리에게 새 계명을 주셨는데, 서로 사랑하라는

것이었다. 사랑하는 것은 주님을 쫓는 제자들의 징표라는 말씀까지 하셨다. 사랑하지 않으면 진정한 제자, 곧 주님을 바르게 따르는 사람이라고 할 수 없다는 말이셨다.

"새 계명을 너희에게 주노니 서로 사랑하라 내가 너희를 사랑한 것 같이 너희도 서로 사랑하라 너희가 서로 사랑하면 이로써 모든 사람이 너희가 내 제자인 줄 알리라"(요13:34-35)

주님이 말씀하신 "사랑하라"는 의미는 무엇이었을까? 사실 약간은 혼동스럽고 이해하기가 힘들다. 왜냐하면 우리에게 너무 익숙하고 쉽게 쓰는 언어인 "사랑하라"는 말이 너무 흔해졌기 때문이어서일 것이다.

그런 우리를 위해서 매우 구체적으로 말씀하셨다. "사랑하라"는 말 대신에 다른 표현을 쓴 것이다. "축복하라" 말의 뉘앙스는 다를지 모르지만 사랑 없이는 축복을 할 수 없다는 의미에서 같은 의미라 할 수 있다. 그런데 주님은 "축복하라"는 말씀을 하면서 매우 감당하기 어려운 대상을 적어놓았는데, 그 사람은 나를 "저주하는 자"(눅6:28)였다.

나를 저주하는 자에게도 축복하라는 말씀속에는 내가 사랑하고 섬기고 돌봐야 할 아이들을 축복하라는 말씀을 당연히 담고 계신 것이다. 그것도 지나치도록 분에 넘치도록 축복하라는 말이 포함되어 있는 것이다.

주님이 우리에게 이렇게 말씀하실 것이다. "축복하라! 마음껏 축복하라! 네가 살아있는동안 과분하게 무한히 축복하라!"

> 아이들을 축복하라! 마음껏 축복하라! 살아 있는 동안 과분하게 무한히 축복하라!

내 삶에 적용된 교사십계명

아침 내가 가르치는 교실로, 예배당으로 들어오는 아이들의 머리에 손을 얹고, 혹은 껴안으며 축복해보라. "사랑해! 축복해!" 기도할 때마다 아이들을 축복해보라. "하나님, 우리 아이들을 축복합니다. 건강하게 하시고 지혜롭게 하시고 아름답게 인도해주옵소서." 시간이 모자라다. 있는 동안 호흡하는 동안 축복하자!

1. 아이들이 교회에 오면 축복해 본 적이 있는가?

2. 어떻게 축복하는가? 우선 기도할 때 축복하자. 지금 잠깐이라도 아이들을 축복하는 기도를 해보자.

3. 아이들을 만났을 때는 "사랑한다. 축복한다. 아름답구나. 멋있다. 기도하고 있어. 힘내. 흠 좋은데……" 수없이 아름다운 말로 축복해야 한다. 내가 잘 쓰는 말은 무엇인지 생각해보자. 없다면 한 가지쯤 근사하게 입에 달고 다닐 축복의 언어를 정하는 것이 어떨까?

4. 아이들을 안아본 적이 있는가? 축복하면서 사랑하면서 안아본 적이 있는가? 당장 이번 주일부터 아이들을 안으면서 축복하는 언어로 말해보라.